Flora Douville

Révélez-vous

Votre garde-robe
peut changer votre vie

marie claire
Éditions

Dédicace

À la petite Flora, qui ne comprend pas le monde

dans lequel elle est arrivée.

À toutes les personnes qui, comme elle, cherchent leur place.

Témoignages

La philosophie de Flora est différente, elle accompagne pour que la personne s'approprie les vêtements qui lui correspondent par rapport à elle dans son ensemble (je n'adhère pas au relooking, conseil en image…). Flora est une femme incroyable !

—Aurélie Piot

Pour avoir fait un tas de thérapies et stages de développement personnel depuis 20 ans, je peux affirmer que rien ne m'a plus permis de m'épanouir et de me donner un sourire renouvelé, une créativité et une saine affirmation de moi que la Métamorphose®. Et cela continue chaque jour, avec les bénéfices secondaires suivants : gain de temps, place dans les armoires et une sorte de simplicité qui est entrée dans ma vie, comme si tout devenait fluide et cohérent. Je suis devenue tellement moins dure avec moi-même. Je m'aime enfin…

Les écrits de Flora sont toujours aussi fins, audacieux, intelligents, sensibles, rares, précieux !!! Je suis de près tout ce que Flora fait, c'est comme un joyau ou une gourmandise à déguster à chaque fois.

Tu es extra terrestre en ce monde Flora pour avoir inventé ou compris cet alignement de la personne et des vêtements. UNE TERRESTRE EXTRA !!

—Isabelle Oliéric

Un petit retour de ces 4 derniers jours où j'étais dans mon rayonnement et j'ai eu plein de commentaires comme quoi j'avais bonne mine, que j'avais l'air reposé, etc. Alors que je suis complètement épuisée, avec des cernes jusqu'en bas des joues !

—Véronique Buret

Un grand merci à toi pour m'avoir inculqué cette fabuleuse méthode et tout ce qu'elle apporte : découverte de soi, confiance en soi, ouverture d'esprit, ouverture vers de nombreux autres horizons… en plus de la jolie image que je renvoie grâce à MES vêtements… Il y aurait encore tellement à dire !

—Agnès Wanner

J'ai découvert que ce processus ne concernait pas que les vêtements et l'apparence physique mais s'intéressait à notre personnalité profonde et qu'il existait un lien entre les deux. J'ai pu m'exclamer, tout au long du processus en entendant parler des profils qui me correspondaient (en accord avec mes tests également), « mais c'est moi ça ! » Et c'est la première fois que j'apprends à me connaître et à me reconnaître avec autant d'exactitude et de vérité. J'apprends également à mieux connaître et comprendre les autres.

—Audrey Pens

Je sais mieux ce qui me va, je peux choisir hyper rapidement des vêtements adaptés. J'ai confirmé ceux dans lesquels je me sens le mieux, et j'ai éliminé ceux qui ne me vont vraiment pas (que je ne mettais de toute façon pas souvent). Comme je suis maintenant hyper à l'aise dans mes vêtements, j'ai gagné en confiance en moi, je m'aime plus, je m'affirme plus et au travail on me respecte et on me prend au sérieux. J'ai trouvé qui je suis vraiment, je pense avoir beaucoup évolué tout en restant et confirmant qui je suis.

—Virginie Kulawik

Flora, je tiens à te remercier et à te dire bravo, sincèrement, pour cette belle méthode. De l'énergie, de la sensibilité et de la beauté ! La Métamorphose® est réellement une belle approche, une jolie mue sur tous les plans :)

—Françoise Watteau

Cette méthode est une vraie révélation pour moi ! MERCI Flora ! Au niveau de la connaissance de soi : avant j'avais l'impression de me connaître « à peu près ». Maintenant je me connais « à fond » ! Je comprends mieux mes comportements, mes attitudes, mes besoins et par ricochet je comprends aussi beaucoup mieux les comportements de mes proches. Je ressens un regain de confiance en moi et en mes ressentis. Au niveau de mes vêtements, je sais exactement les vêtements qu'il me faut pour rayonner de tout mon être. J'ai l'impression de m'être débarrassé des couches d'oignons qui m'empêchaient d'accéder à mon être profond. Je me suis fait des vêtements sur mesure dans lesquels je me sens super féminine, super élégante et super confortable ! Je me sens libérée du diktat de la mode car je sais exactement ce qui me convient et me met réellement en valeur. Le fait de faire

le vide dans mon dressing et de le remplacer par des habits qui me valorisent vraiment a eu aussi l'effet de me pousser à me débarrasser du superflu et de l'inutile dans tout mon appartement. Je me sens revivre et libérée d'un gros poids.

—Sophie Bona

J'étais fort secouée par ce que Flora disait sur le conseil en image, car je l'ai pratiqué pendant 10 ans. Et de réaliser que Flora avait tout à fait raison sur cette idée de « rééquilibrer » une silhouette qui n'avait pas beaucoup de sens. Que chacune est faite comme elle est, et surtout est belle comme ça.

—Béatrice Donnet

Merci à toi pour cette méthode qui devrait s'enseigner à tous ; je découvre depuis quelques jours que mon fils aîné est Ligne, sans doute Eau, et ça explique beaucoup de choses dans mes relations avec lui.

—Sophie

Quand j'ai découvert chaque profil de structures, Ligne, Cercle et Losange, c'était très, très, très puissant pour moi… et aussi pour mon couple ! La Ligne, c'est mon compagnon. Je le reconnaissais… et le Losange : moi, moi, moi !!!! Enfin, je peux me sentir à l'aise dans mes envies de liberté et de découvrir ! Un tout grand merci ! J'ai fait écouter la Ligne à mon homme. Il a écouté puis fait un grand « waouh » ! Il a dit : « en trois ans de développement personnel, cette femme vient de me décrire comme personne… » il en avait le souffle coupé ! Merci Flora de nous permettre d'avancer !

—Céline Angélici

Flora, un grand merci à toi. Ta méthode est spirituelle et concrète. Elle s'appuie sur la matière en entrée et ça me parle tellement ! Quelle joie de me sentir connectée à moi lorsque je marche dans la rue, que je suis au travail, ou encore lors de toute sortie ! Dès que je suis à l'extérieur de chez moi en fait ! Quel apaisement de sentir que ce qui est à l'intérieur de moi peut enfin s'exprimer librement, plus fluidement et en douceur, à l'extérieur.

Quelle satisfaction de sentir que j'ai acquis une clé pour savoir exactement ce qui me convient, ce qui me plaît, m'apaise, me rassure, me fait vibrer...

Quelles prises de conscience aussi que de constater que la «mode» et la plupart des gens s'appuient sur des conventions, des codes extérieurs pour s'habiller et se coupent d'une partie d'eux-mêmes... C'est donc aussi une liberté qui s'installe car avec ta méthode, on s'affranchit de ces codes justement ! Car ta démarche est avant tout intérieure. Même si on s'appuie sur la matière qui est à l'extérieur, il n'empêche qu'à chaque étape, c'est bien l'être intérieur que nous essayons de contacter pour valider ou invalider chaque matière / structure ou rayonnement.

—Nathalie Zan

Je tenais à vous dire combien vos mails, vos vidéos conférences, votre blog et vos écrits sont porteurs pour moi et me permettent de découvrir d'une autre façon ma personnalité profonde, mais aussi celle des autres et je comprends mieux les relations qui peuvent être parfois difficiles.

Cela me permet de mieux comprendre mon fonctionnement profond et aussi celui des autres, et donc d'accepter la dimension différente de l'autre. Depuis que j'ai commencé à connaître votre méthode Métamorphose®, il y a quelques semaines,

j'ai pris conscience que je portais beaucoup de noir. J'ai donc entrepris d'éliminer tout le noir de ma garde-robe, de mes sacs, chaussures, sous-vêtements... Quel soulagement immense intérieur ! Jamais personne n'avait mis en relation le vêtement et son énergie de cette façon. Bravo.

C'est un réel plaisir en particulier de vous lire : votre sens de l'humour est absolument délicieux et il y a un «punch» dans votre façon de communiquer qui est un vrai bonheur... alors bravo pour ce que vous savez ainsi nous transmettre.

—Anne Charousset

Ce qui m'a particulièrement plu, c'est le lien entre le vêtement, qui fait partie du plan matériel, avec l'être, le plan spirituel... Contrairement à l'ennéagramme, qui montre un profil pour lequel on se prend, et auquel il ne faut pas s'identifier complètement, la Métamorphose® nous donne la possibilité de s'aider par le vêtement, la couleur, la matière et la structure qui nous soutiennent, pour aller dans la vie. Et en bonus, nous comprenons mieux notre fonctionnement personnel !

Aujourd'hui je suis en phase avec moi-même, sereine et légère ! Et toute excitée par toutes ces belles découvertes à explorer !

Flora est présente tout en étant en retrait... rien n'est dit, elle nous laisse ressentir... et la magie opère !

—Sophie Marot

J'aime la philosophie de cette méthode. Flora part du principe que nous sommes toutes belles, équilibrées et rayonnantes. Cela fait toute la différence. Les tests sont parfois difficiles à faire car cela nous oblige à nous centrer sur nous-mêmes, mais c'est pour en sortir grandies de nos découvertes.

—Patricia B.

Sommaire

Témoignages 5

Introduction 13

Post-introduction 17

**Votre rapport avec les vêtements
est fondé sur des erreurs** **19**

J'ai découvert qu'on ne pouvait pas tout porter 20

Les histoires que vous vous racontez 23

L'ego squatte votre garde-robe sournoisement 27

La mode et les tendances ne sont pas faites pour vous 30

Ce que vous ressentez est une réalité 32

Le conseil en image pose un énorme problème 33

Chaque vêtement est porteur d'une énergie 37

Votre corps raconte qui vous êtes comme un livre ouvert **43**

Votre corps exprime déjà qui vous êtes 44

Le corps parle plusieurs langues, dont celle du « physique » 44

Il existe une méthode pour décoder cette langue. 46

Comme tout dans la nature, votre corps est fait des 4 éléments 47

Votre corps est un subtil dosage d'Air, d'Eau, de Terre et de Feu 52

C'est pour la vie 54

Chacune de vos facettes psychologiques est visible ! 55

Vous, votre corps et vos vêtements : le trio gagnant **57**

C'est l'incapacité à harmoniser
les 3 plans « vous, corps + vêtement » qui fait tout dérailler 58

La couleur du vêtement 60

Le test du rayonnement 61

Rayonnements en images 63

Votre peau et son rayonnement lumineux
parlent de la motivation originelle de vos actes 112

Le Soleil et la Lune 114

Les couleurs de vêtement qui
vous soutiennent dans vos actions 115

La matière du vêtement 117

Les quatre familles de matières 117

Le test du mouvement · 122
Mouvements en images · 124
Vos mouvements parlent de votre fonctionnement émotionnel · 134
Les matières de vêtement qui vous
soutiennent dans votre rythme · 137
La forme du vêtement · 139
Les trois structures · 139
Le test de la structure · 146
Structures en images · 149
Votre architecture physique parle de votre façon
de voir le monde et d'entrer en relation · 156
Les formes de vêtements qui
vous aident à prendre votre place · 159
Rayonnement, mouvement et structure · 161
L'énergie du vêtement et la vôtre doivent être compatibles · 174
Vous êtes inclassable · 174
Vous êtes déjà une œuvre d'art · 176
Écoutez votre corps et vous constaterez
qu'il rejette tout le reste · 178
Vous êtes bien plus que ce qui vous traverse · 180

Le monde n'attend que vous · **183**
Vous êtes plus que ce que vous êtes · 184
Tout est dans le regard · 187
Être soi, c'est choisir la vérité · 188
Vous et le «vieux» monde · 190
Pour se plaire, il faut déplaire · 193
Beauté et minimalisme : ils sont indissociables · 195
Il ne faut pas souffrir pour être belle, au contraire · 198
S'aimer et aimer les autres :
c'est possible, ça s'apprend · 200
Poème · 213

Annexes · **214**
Les caractéristiques des quatre éléments · 214
Les nuanciers de couleurs · 216
Remerciements · 220
Bonus · 221

Introduction

Vous ne savez peut-être pas pourquoi vous avez choisi de lire ce livre et c'est très bien. Parce que figurez-vous que le sujet dont je m'apprête à vous parler, je n'imaginais pas une seconde, plus jeune, qu'il serait au cœur de ma vie. Je ne pouvais pas concevoir qu'il serait un moyen pour résoudre des difficultés que je vivais.

Le thème qui est au centre de ce livre, c'est le vêtement. Ou pour être plus précise, l'habillement : cela inclut les bijoux, les accessoires, la coiffure. Je ne vais pas vous en parler de manière superficielle, rassurez-vous. Je ne prendrais pas la peine d'écrire si je n'avais pas des choses essentielles à vous communiquer sur ce sujet. Pourquoi le vêtement est-il si important pour moi aujourd'hui ? Parce que j'ai découvert son pouvoir. J'ai découvert comment le vêtement pouvait m'aider à :

1. me connaître dans les moindres détails de ma personnalité,

2. me comprendre, donc m'accepter et finalement m'aimer,

3. mieux comprendre les autres, les accepter tels qu'ils sont et les aimer,

4. exprimer qui je suis sans gommer certaines facettes de ma personnalité,

5. m'affirmer et prendre ma place sans avoir besoin de devenir quelqu'un d'autre,

6. me sentir alignée, en cohérence entre ce que je montre et qui je suis vraiment,

7. rayonner, être présente naturellement parmi les autres,

8. être et me sentir belle sans effort, tout en étant à l'aise dans mes fringues,

9. et encore plein d'autres choses,

Cette liste est incomplète, mais vous donne déjà une idée de tout ce qui pourrait changer dans votre vie simplement grâce à vos vêtements. Que deviendrait votre vie si...

1. vous vous acceptiez davantage, si vous vous aimiez ?

2. vous compreniez mieux les autres ?

3. vous saviez comment exprimer votre vraie personnalité aux autres ?

4. vous pouviez vous affirmer naturellement et sans heurt ?

5. vous vous sentiez une, cohérente et unifiée, tout en tenant compte de votre multiplicité ?

6. vous saviez exactement ce que vous pouvez porter pour rayonner et vous sentir au meilleur de vous-même ?

7. vous pouviez dégager la présence que vous savez que vous avez en vous ?

Je suis persuadée que chaque personne sur cette planète a quelque chose d'unique à apporter. Nous avons tous des talents, des compétences et des aptitudes naturels. Je crois que notre mission à tous est de les mettre à contribution pour faire avancer le monde.

Vous avez vous-même un fabuleux potentiel à exploiter. En êtes-vous consciente ? Vous possédez des dons et des facultés que tout le monde n'a pas. Tout comme d'autres personnes ont des compétences que vous n'avez pas. C'est ce qui fait la richesse de l'humanité ! Et vous pouvez contribuer à cette richesse en exprimant vos talents, en leur permettant de voir le jour. Vous êtes la seule à pouvoir le faire : personne d'autre que vous ne peut décider à votre place de mettre vos compétences, quelles qu'elles soient, au service du monde. Et quand bien même une personne aurait exactement les mêmes talents que vous, elle ne pourrait jamais les exprimer de la même façon que vous. Elle le ferait à sa façon.

Ce que vous êtes est unique et le monde n'attend qu'une chose : que vous revendiquiez ce que vous êtes, que vous l'offriez.

Nous sommes tous libres de faire ce que nous voulons de notre vie. Mais en exprimant vos vraies compétences dans le monde, celles que vous avez le plus de plaisir à utiliser, vous permettrez aux autres d'avancer également. Vous ne pourrez jamais savoir qui aura besoin de vous, mais ce dont je suis convaincue, c'est que certaines personnes auront besoin de vous rencontrer vous pour avancer. Elles auront besoin d'entendre ce que vous avez à dire et seront sensibles à comment vous le direz. Elles auront besoin de votre façon de faire les choses. Elles auront besoin de votre art, de votre technique ou de votre expertise. Elles auront pu passer plusieurs fois devant le même message, le même service proposé, les mêmes compétences, les mêmes objets... elles ne se seront jamais arrêtées, parce qu'il manquait quelque chose. Ce qui manquait, c'était vous.

C'est parce que je crois que vous êtes là pour une raison bien particulière que j'écris ce livre. Mon histoire avec le vêtement m'a permis de prendre conscience de ce pour quoi j'étais faite ; et j'ai à cœur de partager avec vous les informations qui vous permettront de comprendre comment vous pouvez, vous aussi, comprendre qui vous êtes profondément et révéler ce que vous avez de plus précieux au monde.

Je dis «j'ai à cœur de partager», mais c'est plus fort que ça : j'ai décidé de consacrer ma vie à diffuser les connaissances que vous allez découvrir au fil des pages. Et ce n'est pas rien : je suis une personne très sélective, je consacre toute mon attention et mon énergie à quelques activités seulement, celles qui me passionnent et qui présentent un intérêt majeur à mes yeux. Les autres sont exclues de ma vie. Ça vous donne une idée de l'importance que j'accorde à ce qui va suivre !

Oui, c'est important pour moi. La méthode dont je vais vous parler dans ce livre a résolu des problèmes que j'avais mais que je n'avais pas identifiés et qui me pourrissaient la vie. Quels types de problèmes ? Difficile à dire, ce qui rajoute un problème ! Comment chercher une solution à une difficulté dont on ne cerne pas les contours ? Comment faire quand on ne sait pas vraiment ce qui se passe ? C'était mon cas. J'étais dans le brouillard. Je ne me sentais pas très bien, j'étais bloquée, mais je ne savais pas pourquoi.

J'avais 16 ans et si j'étais à l'aise au lycée et déjà déterminée à accomplir certaines choses dans ma vie (comme d'exercer un métier que j'inventerais), il y avait encore beaucoup de zones floues. À l'époque je voyais un psychothérapeute, qui m'aidait à comprendre certains de mes fonctionnements ainsi que des points clés de mon histoire.

Mais des zones de frottement intérieur subsistaient. Je ne sais même pas si j'aurais pu en parler à l'époque, avec mon psychothérapeute ou avec n'importe qui, parce que je ne les identifiais pas clairement. C'est comme si ces zones étaient à la frontière entre le conscient et l'inconscient. Les sensations d'inconfort que je vivais étaient diffuses. Et pourtant, elles étaient bien réelles.

Évidemment, je ne faisais aucun lien avec le vêtement. Comment aurais-je pu ? Comment peut-on un instant penser que les vêtements que l'on porte pourraient avoir un impact quelconque sur un inconfort intérieur, flou mais persistant ?
J'en étais là lorsque ma métamorphose a commencé.

Mon objectif à travers ce livre est de vous raconter comment mes vêtements ont changé ma vie, mais surtout de vous expliquer comment j'y suis arrivée et comment, vous aussi, vous pouvez y parvenir.
Chaque chapitre aborde la relation qui existe entre votre personnalité profonde et vos vêtements sous un angle particulier. J'y partage mon expérience, des

enseignements universels ainsi que des exercices pratiques. Pour profiter au maximum de tout ce contenu, j'ai une précision à vous donner et deux recommandations à vous faire.

D'abord, je tiens à vous dire que j'ai écrit ce livre pour vous, je parle donc de vous et m'adresse directement à vous, en vous interpellant parfois. Cela pourrait paraître hautain mais ne vous méprenez pas : n'y voyez pas de mise à distance du type « vous, vous êtes encore loin, alors que moi, ça y est, je suis arrivée ! » Non, non, non. Je ne suis arrivée nulle part, je suis simplement devant vous. Je suis passée par les mêmes chemins boueux, les mêmes ronciers et mon objectif est de vous baliser la route pour vous faire gagner du temps et de l'énergie. Et vous permettre d'éviter les trous, les flaques et les embûches, au passage ! Vous interpeller est le moyen le plus efficace pour vous aider à avancer. Voilà pour ce qui est de la précision.

Ma première recommandation maintenant est de lire chaque chapitre tranquillement et de mettre en application les exercices. Certains vous parleront plus que d'autres, ça n'est pas un problème. Le plus important est de faire l'expérience de ce dont je vous parle : un concept sans son application concrète est une réelle perte de temps ! Jouez à la scientifique et testez les hypothèses que je vous soumets avant de les juger.

Ma deuxième recommandation est audacieuse mais la voici malgré tout. J'ai lu plusieurs livres récemment (des livres de développement personnel) dont les auteurs suggéraient : pour l'un, de lire le livre deux fois d'affilée et pour l'autre, de lire chaque chapitre deux fois. Ces conseils m'ont semblé exagérés et je me suis dit : « je n'ai pas que ça à faire, lire deux fois le même livre ! » puis « et même si je le voulais, je crois que je m'ennuierais à la deuxième lecture ».

Mais je l'ai fait, pour un livre au moins (moi aussi, je joue à la scientifique et j'essaie ce qu'on me propose, vous voyez !). En fait, je suis actuellement dans la deuxième lecture. Et je dois dire que je ne regrette absolument pas de le relire, je pense même qu'à partir de maintenant, je lirai tout deux fois.
Pourquoi ? Parce que je réalise que je suis passée à côté de certaines idées, de certains concepts qui sont essentiels dans ce que je veux apprendre et mettre en place dans ma vie. J'avais bien pensé « ah, c'est super, ça ! ça me parle ! » à la première lecture, j'avais même corné la page pour y revenir. Mais je ne l'ai pas fait. La page n'était même plus cornée, allez comprendre. La deuxième lecture est plus profonde, je ne suis plus là pour découvrir une idée, un enseignement ou une technique : je suis disposée à l'intégrer. C'est la raison pour laquelle je vous recommande vivement, si vous voulez vraiment tirer profit du livre que vous

avez entre les mains, de le lire deux fois. Soit vous recommencez la lecture dès qu'il est fini, soit vous lisez chaque chapitre deux fois. Au choix.

Quoi qu'il en soit, je souhaite que ce livre vous apporte l'éclairage dont vous avez besoin aujourd'hui pour comprendre ce qui vous empêche d'exprimer tout votre potentiel. Je souhaite également qu'il vienne soulager les points de friction intérieure que vous cherchez à identifier depuis peut-être longtemps déjà, en tâtonnant. Enfin, je souhaite qu'il vous permette de réaliser que vous êtes parfaite, telle que vous êtes.

En avant !

Post-introduction

Avant d'entrer dans le vif du sujet, je voulais vous signaler un élément important de ce livre. Vous constaterez qu'il contient beaucoup de photos de femmes de différents profils. J'aimerais que vous sachiez deux choses :

1. Les modèles de ce livre sont des femmes que je connais, qui ont été ou sont toujours mes clientes. Elles ont été sélectionnées sur le seul critère de leur profil Métamorphose®. Elles ont accepté de participer à notre séance photo et de figurer dans ce livre gratuitement et par plaisir — cela vous donne une idée de ce que la Métamorphose® leur a apporté.

2. Les vêtements qu'elles présentent ici sont tous issus de leurs garde-robes, ce sont les vêtements qu'elles portent au quotidien. Nous n'avons rien acheté pour l'occasion, nous avons simplement organisé leurs tenues pour vous présenter les plus représentatives. Vous verrez ainsi que « c'est possible » : être habillée de la manière qui vous convient est accessible, si vous prenez la décision d'y arriver !

Je profite de cette post-introduction pour remercier chacune de ces femmes d'avoir accepté de participer à la création de ce livre, qui serait tellement pauvre sans elles ! Leur présence vient prouver naturellement à quel point chaque femme est belle dans sa singularité.

Votre rapport
avec les vêtements
est fondé
sur des erreurs

J'ai découvert qu'on ne pouvait pas tout porter

Avant de vous parler de vous, je vais vous parler un peu de moi pour que vous puissiez vous faire une idée de la personne qui vous parle. Après tout, qui suis-je pour écrire un livre ? Soyons claires : je n'ai jamais cherché à changer ou à me transformer. Cela n'a jamais été un de mes objectifs. Malgré tout, ma vie a changé lorsque j'ai reconnu quels étaient les vêtements justes pour moi et que j'ai commencé à les porter. Voici comment tout a commencé.

Aussi loin que je me souvienne, les vêtements m'ont toujours intriguée, interpellée, fascinée ou énervée. Ils ne m'ont jamais laissée indifférente. Je parle de mes vêtements mais également de ceux des autres.

Je suis une fille observatrice, naturellement en retrait et j'ai toujours regardé comment les gens, autour de moi, s'habillaient. J'ai remarqué les styles et les tendances des personnes de ma famille, de mes copines, des élèves des différentes écoles que j'ai fréquentées... J'ai toujours fonctionné comme ça.

Et puis j'ai observé mes vêtements. Ceux que j'aimais et ceux que je ne mettais jamais. Ceux que ma mère avait faits pour moi et ceux qu'elle m'avait commandés à la Redoute. J'étais fascinée mais je ne m'en rendais pas compte et je ne savais pas non plus pourquoi. Je regardais aussi les vêtements de mes cousines et de mes copines et je voulais les mêmes. J'ai passé une partie de ma vie à faire ça sans comprendre.

J'ai observé les différents styles portés par différents groupes de gens. J'ai observé mon envie de ressembler à telle ou telle personne, mon besoin d'être reconnue ou acceptée comme appartenant à un groupe ou un autre. Pour moi, la seule manière d'être comprise ou perçue telle que je suis était de ressembler aux personnes que j'admirais ou que j'appréciais. Je me disais « les gens verront tout de suite que je suis une fille cool si je m'habille comme les musiciens du groupe Blur. » Alors je m'habillais comme Blur : jean droit kaki, pull noir ou bleu marine, t-shirts près du corps orange ou marron, Clarks aux pieds.

À cette époque, je portais un regard négatif sur moi-même. Je me sentais asociale et incapable de faire comme les autres, de me fondre dans la masse. J'avais peur de ne pas être acceptée par les autres, de ne pas être aimée. Je n'avais absolument pas conscience que ces jugements que je portais sur moi n'étaient que ça : des jugements. Pour moi, c'était la vérité. Je croyais que j'étais nulle et on allait probablement me rejeter. C'était parfaitement vrai — dans ma tête.

Un jour, ma mère m'a annoncé qu'elle s'était inscrite à un stage de développement personnel. L'objectif du stage était de découvrir les couleurs de vêtements qui nous vont le mieux ainsi que leur signification. Au moment où elle m'a parlé de ce stage, j'ai bondi : « mais pourquoi tu ne m'en as pas parlé plus tôt ?! » Le sujet m'avait immédiatement interpellée, je voulais participer. Je me suis donc inscrite sur le champ.

Nous nous sommes retrouvées ma mère et moi un samedi matin, avec six autres personnes et deux psychothérapeutes, pour découvrir nos couleurs. J'ai passé deux journées époustouflantes. J'ai découvert que certaines couleurs de vêtements pouvaient nous donner l'air malade, le teint vert ou gris, terne, alors que d'autres nous rendaient beaux, lumineux et attirants. Je l'ai vu sur les autres, un peu plus difficilement sur moi, mais je suis ressortie de ce stage avec la certitude qu'une couleur était faite pour moi : le rose framboise. Elle était même plus que faite pour moi : elle était moi.

J'ai aussi découvert ce que ce rose framboise voulait dire. J'ai découvert que la palette de couleurs qui me correspondait avait un sens, elle racontait quelque chose. À moi et au monde. J'ai découvert que ma peau parlait de qui j'étais, de mon identité profonde et de ma façon naturelle de fonctionner. Quelle révélation !

Mon apparence n'est donc pas fortuite, mon corps parle de qui je suis ? Oui. Et cela va bien au-delà du langage non verbal : mon corps parle un langage qui, si on sait le décrypter, permet d'accéder à son identité profonde.

À l'époque, ce n'est pas en ces termes-là que je pensais, mais je sais que c'est cette idée-là qui m'a frappée, même si elle était encore floue. Cette idée ne m'a plus jamais quittée.

Pour moi, le stage n'a pas porté ses fruits immédiatement. J'ai eu besoin d'une longue période d'intégration et d'observation avant d'agir et de m'approprier les couleurs qui étaient les miennes.

Pendant plusieurs années, j'ai continué à porter des couleurs qui ne m'allaient pas. Certaines consciemment et certaines par manque de discernement : je les croyais dans ma palette mais je me trompais.

Tout en portant des vêtements qui ne m'allaient pas, j'observais les gens : mes profs, mes copines de classe, les gens dans la rue... J'observais la couleur de leur peau, de leurs yeux, de leurs cheveux. Je cherchais à voir si les couleurs qu'ils portaient étaient en harmonie sur eux.

Cela a duré environ 5 ans. Et puis un matin, je me suis réveillée en me disant : « je dois transmettre ça aux autres ! ». J'ai alors demandé de l'aide à Nathalie, l'une des psychothérapeutes ayant animé le stage, qui était devenue une amie. Je voulais vérifier les couleurs de mes vêtements et mieux comprendre les différentes palettes. Je lui ai finalement demandé de me former à la « coloranalyse », comme elle appelait ça.

Elle a décidé d'organiser quelques stages pour que je puisse l'assister et apprendre par l'expérience. Puis nous avons organisé des stages ensemble, que nous animions conjointement. Je prenais un grand plaisir à montrer à chacune de nos stagiaires les couleurs qui leur correspondaient et à leur parler de leur signification.

Et puis un jour, l'expérience nous fit sentir que connaître ses couleurs et les porter n'était pas suffisant. C'est arrivé en voyant, lors de nos stages, des femmes porter leurs couleurs mais sans avoir l'air féminin pour autant.

Depuis ma première rencontre avec les couleurs, j'avais l'intuition qu'une femme qui porte les bons vêtements et les bons accessoires ne peut qu'être féminine : les bons vêtements vont simplement révéler qui elle est. Et comme elle est une femme, elle sera féminine. Logique.

Nous sommes donc arrivées au constat que les couleurs ne suffisaient pas et que nous devions maintenant explorer les deux autres grands aspects du vêtement : la matière et la forme.

C'est ce que nous avons fait pendant un peu plus d'un an. Nous avons lu des livres, contesté ces livres, observé nos garde-robes respectives, laissé l'inspiration venir. Nous avons observé nos proches, échangé, réfléchi, laissé reposer nos idées. Nous avons enfin testé nos hypothèses sur nous, nos familles et les cobayes qui se prêtaient joyeusement à nos expériences, pour donner le jour à notre propre méthode de connaissance de soi : la méthode des psycho-apparences.

Nos personnalités complémentaires nous ont bien aidées. D'un côté, Nathalie avait plus de 20 ans d'expérience professionnelle en tant que psychothérapeute, une connaissance poussée des fonctionnements humains, beaucoup de lectures et de formations à son actif. De l'autre, j'étais fraîchement diplômée en design textile, je passais mon temps à observer le monde, l'analyser et en capter les différentes énergies. Nous avions également tendance, toutes les deux, à suivre notre intuition, et notre méthode est née de la réunion de ces différentes compétences.

Nous avons donné notre premier stage en méthode des psycho-apparences en 2007 et ce fut un beau succès : nos stagiaires se retrouvaient et se reconnaissaient parfaitement dans la grille de lecture que nous avions découverte.

Je dis « découverte », parce que c'est bien comme ça que je vois les choses. La grille de lecture que j'utilise chaque jour et que nous avons mise au point n'est pas quelque chose que nous avons créée de toutes pièces. Il s'agit d'un ensemble de connaissances et d'informations tangibles que nous avons simplement découvertes et rendues accessibles. Notre travail a consisté à défricher un terrain, à ouvrir une voie d'accès à certaines vérités sacrées. Nous n'avons rien inventé. C'est l'une des raisons pour lesquelles cette méthode est si puissante : elle ne vient pas de l'imagination d'une ou de quelques personnes. Elle est basée sur la nature et son fonctionnement. Elle s'appuie sur une réalité qui dépasse la personne et sa subjectivité, une réalité que chacun peut vérifier par lui-même.

Nathalie et moi avons rapidement mis en place une formation professionnelle pour permettre à d'autres personnes que nous de pratiquer cette méthode.

Après quelques années, privilégiant son travail en psychothérapie, Nathalie m'a laissée utiliser notre méthode seule.

Chaque nouvelle rencontre étant l'occasion d'apprendre et d'approfondir ma compréhension de nos fonctionnements humains, je n'ai pas cessé d'enrichir cette méthode. Je l'ai affinée, précisée et je crois que je ne m'arrêterai jamais. C'est pour cette raison qu'en 2013 j'ai décidé de créer la Métamorphose® : il s'agit de la méthode des Psycho-Apparences que nous avions mise au point, améliorée par toutes les précisions et les ajustements que j'ai faits et que je continuerai à faire. Parce que je crois qu'une méthode, pour fonctionner, doit rester vivante.

Depuis ce jour où ma mère me parla d'un stage sur les couleurs, je n'ai pas cessé d'apprendre sur moi, de mieux me connaître, me comprendre et m'accepter. Ce processus ressemble à un cours d'eau : il a parfois été lent et tranquille, il a parfois stagné et puis à d'autres périodes, il a été rapide voire bousculant. Je suis curieuse de savoir à quoi il ressemblera pour vous !

Les histoires que vous vous racontez

Les choix vestimentaires que vous faites, c'est-à-dire le choix de votre (vos) style(s) ou le choix de ne pas vous en occuper du tout, sont des histoires que vous vous racontez sur vous-même.

Presque tous les choix que vous faites viennent d'une partie de vous qui juge. C'est une partie qui juge que ce type de vêtements est bien, à la mode, tendance, décalé, cool, chic, classe, passe-partout, etc. qui choisit les vêtements que vous portez.

Vous vous racontez des histoires du type : « quand je mets ce chemisier, je suis super chic et tendance, on dirait une créatrice de New York », « quand je mets ce gilet sur ce petit top, c'est sexy, je me sens comme dans un film avec Hugh Grant ». Des histoires qui vous font rêver, qui vous donnent l'impression que vous accédez à une autre dimension, mais qui vous laissent là où vous êtes finalement. Avec probablement un arrière-goût dans la bouche : celui de ne jamais réussir à être vous à 100 %.

Mais vous pouvez aussi vous raconter des histoires du type : « quand je mets ce pull, c'est simple et décontracté et on voit bien que je n'attache pas trop d'importance à l'apparence, c'est ce qui compte ». Vous voyez le piège, là ? Vous sélectionnez soigneusement vos vêtements pour laisser penser les autres que vous ne vous intéressez pas à votre apparence !

C'est une forme de manipulation : qu'elle soit consciente ou non, efficace ou pas. Mais la personne que vous manipulez le plus dans l'affaire, c'est vous. Chercher à ressembler à une personne, un personnage, un concept ou un idéal vous empêche de laisser sortir ce qui émane naturellement de vous, ce que vous êtes profondément. Vous passez votre temps à le masquer, pour des raisons diverses et avec parfois les meilleures intentions du monde – c'est ce que fait le conseil en image, nous y reviendrons.

Je le sais, parce que je l'ai fait. Je suis comme vous. Pendant mes études en arts appliqués, j'ai fréquenté des écoles assez cotées, dans lesquelles tous les styles se côtoyaient. Il fallait avoir un style, quel qu'il soit. Avoir un style — ou revendiquer clairement qu'on n'en a pas, ce qui revient au même — signifie pour une partie des gens qu'on a quelque chose à dire, donc qu'on est potentiellement intéressant. C'est comme ça dans la société et c'est encore plus fort dans certaines écoles d'art.

Alors, j'avais un style moi aussi. Je me suis coupé une frange droite, je mettais des hauts très féminins et des bas très masculins, je portais des couleurs indéfinissables et je me prenais parfois pour une icône des années vingt. Je me racontais ces histoires-là : « je suis cool, d'être à la fois féminine mais aussi masculine – parce que je ne voudrais pas ressembler à une pétasse, quand même », « je suis audacieuse, avec ma frange bien marquée », « quand je joue un peu à la star des années vingt, j'ai vraiment la classe », « je suis une fille complexe et subtile et surtout, je ne suis pas là où on m'attend, non mais oh. »

Je me racontais des histoires qui me laissaient toujours le même goût dans la bouche : l'amertume. L'amertume de ne pas me voir, moi, dans le miroir. L'amertume de ne pas me plaire complètement, malgré tous mes efforts. L'amertume de vivre dans des histoires et pas dans la réalité.

Quand je me regarde aujourd'hui, et que je me souviens de moi il y a 13 ou 14 ans, oui j'étais plus jeune et plus « fraîche », mais non je n'étais pas plus belle. Et cela n'est pas dû à l'expérience et la maturité, c'est simplement dû à la vérité que je laisse aujourd'hui apparaître.

Les vêtements que j'ai identifiés comme les miens ne me donnent plus l'impression de jouer un rôle, ou de devenir quelqu'un de spécial. Ils me donnent l'impression juste d'être moi. Ils n'ont pas de connotation particulière, ils ne sont pas identifiables à un style précis. Ils me ressemblent. Ils ne racontent pas une histoire, mais ma réalité. La question maintenant est de savoir comment revenir à cette réalité, la vôtre. Comment arrêter de vous raconter des histoires ? Il faut commencer par prendre conscience des films que vous vous passez intérieurement. Observez ce qui se passe en vous quand vous choisissez vos vêtements pour les acheter ou les porter. À qui essayez-vous de ressembler ? À qui essayez-vous de ne pas ressembler ? À qui jouez-vous ? Qu'est-ce que cela crée en vous, comme sensations physiques ?

Vous vous demandez peut-être si la vie n'est pas plus terne, ensuite. Et bien non, car la réalité est plus belle que toutes les histoires que vous voulez bien croire. Si vous vous racontez des histoires, c'est parce que vous n'avez pas encore conscience de toute la beauté qui vous habite, vous la projetez donc à l'extérieur de vous (sur des personnes de votre entourage, des personnalités, des concepts...) puis vous essayez de vous l'approprier. Vos tentatives sont donc vouées à l'échec. Ce sont les histoires que vous vous racontez qui sont ternes, en comparaison avec la splendeur qui vous habite ! Vous ne l'avez pas encore vue ou sentie, il est normal que cette affirmation vous semble péremptoire et impossible à évaluer. Mais poursuivons.

Vous n'êtes pas la seule responsable, dans l'histoire : la mode vous pousse à vous raconter des histoires, elle aussi. Ça l'arrange bien : ce que vous êtes vraiment et comment vous voulez l'exprimer, elle n'a aucune emprise dessus. Alors que si vous croyez aux histoires qu'elle vous raconte... c'est elle qui mène la danse !

Je reçois le catalogue de La Redoute. Vous aussi, peut-être ? Quand j'étais étudiante, ce catalogue, c'était toute une histoire. Quand je le recevais, je passais une heure ou deux à le feuilleter avec attention et à mettre des petits post-it® sur chaque vêtement qui me plaisait. J'essayais de me projeter dedans, de sentir si les tenues qui m'inspiraient m'iraient bien... Je le feuilletais à nouveau plusieurs fois, pour être bien sûre de n'avoir rien loupé. Et enfin je passais commande. Quelques jours ou semaines plus tard, je recevais mes colis, les ouvrais frénétiquement et très souvent... c'était la grande frustration. Les vêtements que j'avais commandés, sur moi, ne faisaient pas du tout aussi cool que sur les filles du catalogue. Pour certains, ça rendait vraiment rien. Quelle déception ! Suivait un déferlement intérieur de réflexions qui tournent autour de « je suis mal foutue », « j'ai une gueule trop stricte », « j'aurai jamais l'air cool », ou encore « le style que j'aime ne me va pas, donc je suis condamnée à ressembler à rien. » Aujourd'hui les choses ont bien changé pour moi : je ne regarde plus le catalogue La Redoute — je le reçois simplement parce que je suis encore cliente. Mais je l'ai ouvert récemment et ce qui me frappe, c'est de voir étalé sur chaque page le jeu sournois qui s'appelle « à quoi veux-tu ressembler » ?

Sur chaque page sont proposés des ambiances, des styles, des univers graphiques et visuels, des références. Ils viennent taper dans votre émotionnel, dans vos histoires, celles que vous avez vécues, celles que vous aimeriez vivre et celles que vous vous racontez. Sur chaque page, on vous demande : « et vous, vous voulez être qui, là-dedans ? Qui voulez-vous devenir ? » Et il est difficile de résister. Moi-même, je me laisse parfois prendre au jeu et me projette dans l'une ou l'autre des silhouettes. Ce qui me ramène rapidement à la réalité, c'est mon expérience.

Jouer à ce jeu, c'est ignorer une chose fondamentale : vous êtes déjà quelqu'un. Vous ne pouvez devenir personne d'autre que vous-même. Le seul choix que vous avez à faire, c'est de vous choisir vous.

Les magasins fonctionnent de la même manière : ils proposent des styles tout faits, des identités prêtes à acheter. Il y a une certaine facilité à se laisser porter par la mode, par les courants et à se laisser emporter. C'est rassurant, parce que c'est tout prêt, il n'y a pas à se poser de questions. Et puis parce que toute la société, globalement, joue à ce jeu de dupes. Alors on ne sent pas seule.

Mais je suis sûre que ce jeu commence à vous fatiguer. Il ne vous amuse pas ou plus et vous pompe votre énergie. C'était mon cas. Le choix que j'ai fait et que je renouvelle chaque jour, c'est celui de la vérité. Choisir d'écouter ma vérité plutôt que de jouer à un jeu où je suis perdante, à tous les coups.

> **Lorsque vous contestez la réalité, vous perdez –**
> **mais seulement à 100 %.**
>
> (Byron Katie)

Mes clientes me demandent parfois : « Finalement, si nous étions parfaitement alignées sur nous-mêmes, bien centrées, même sans connaître ton travail, on s'habillerait parfaitement selon les critères de la Métamorphose®, non ? »

Et bien oui. Les informations auxquelles ce livre donne accès (ainsi que mon travail) existent déjà en vous. Ce qui fait qu'aujourd'hui, vous ne savez pas encore très bien ce qui vous va (dans votre garde-robe et peut-être même dans la vie), c'est que votre filtre de perceptions est encrassé. Alors vous ne vous voyez pas telles que vous êtes et vous ne voyez pas la réalité telle qu'elle est. C'est pour clarifier vos perceptions et revenir à votre réalité que la Métamorphose® existe. Et c'est pour vous aider à faire vos premiers pas avec cette méthode que ce livre existe.

La « Méta », comme je l'appelle, est un processus accéléré pour accéder au cœur de vous-même, mais vous pourriez ne pas en avoir besoin : il y a deux ans, j'ai rencontré la supermodel Helena Houdova, en Floride, qui était très à l'écoute de ses propres perceptions. Elle était belle, engagée et spirituelle, mais surtout, elle portait des vêtements parfaitement alignés sur son profil ! Jour après jour, je la voyais mettre les bonnes couleurs, matières et formes. Intriguée, je lui ai parlé de mon travail et elle n'a pas été étonnée. Elle choisissait ses vêtements intuitivement mais avec une telle justesse dans sa façon de se percevoir elle-même, qu'elle ne se trompait quasiment pas. Inutile de vous dire que cette jeune femme savait également, dans sa vie, où elle allait : c'était clair comme de l'eau de roche.

Pour être honnête, c'est la seule personne que j'ai rencontrée, de toute ma vie, qui ait fait preuve d'autant de justesse vestimentaire intuitive. La « Méta » donne accès à ce que vous êtes, aux dons que vous avez, aux qualités que vous portez en vous. C'est un accès seulement : je n'ai rien inventé, je suis juste un guide parmi les éléments de la nature dont il faut savoir décrypter le langage quand on l'a oublié — ce qui est notre cas, à tous.
Voyons maintenant à quoi ça ressemble, de garder vos histoires et de vous habiller avec.

L'ego squatte votre garde-robe sournoisement

Avez-vous entendu parler de l'ego ? On dit parfois de quelqu'un qu'il a un ego surdimensionné, pour parler d'une personne qui a besoin de reconnaissance, d'être vue ou admirée.
Mais cette vision est assez trompeuse de ce qu'est l'ego. L'ego désigne généralement la représentation et la conscience que l'on a de soi-même.
Cette partie de nous n'est pas plus grande chez certaines personnes et plus petite chez d'autres. Ce qui fait que l'ego pose problème parfois, c'est quand on le laisse prendre les rênes de notre vie, quelle qu'en soit la manière.

Si vous vous considérez comme inintéressante et indigne des autres et que vous laissez cette croyance diriger votre vie, vous allez probablement vous couper des autres, rester dans votre coin et vivre malheureuse. En acceptant cette représentation de vous-même, vous décidez de laisser votre ego maîtriser le jeu. Si vous vous considérez inintéressante et indigne des autres, mais que vous n'êtes pas satisfaite de cette idée et que vous voulez en changer, alors vous pouvez agir pour ne plus vous voir de cette façon. Vous pouvez changer de regard sur vous-même. En faisant cela, vous prenez la maîtrise de votre vie, vous ne laissez pas votre ego la diriger à votre place. Dans les deux cas, votre ego a un rôle important à jouer : il vous informe sur la façon dont vous vous percevez. Il vous donne la représentation exacte que vous vous faites de vous-même, à un moment donné.

Toute la différence vient de ce que vous décidez de faire ensuite. Est-ce que vous mettez votre ego à votre service ou est-ce que vous vous mettez au sien ?

Selon votre histoire personnelle, vous mettre au service de votre ego peut vouloir dire « faire comme », faire ce qu'il faut pour être reconnue par X, être vue, entendue, acceptée par un groupe ou un clan social, familial, amical. Mais cela peut aussi passer par le fait de sortir d'un groupe, de se désidentifier, de se rebeller, de ne plus faire comme X, de faire le contraire, de s'opposer.

Si vous le laissez maître de votre vie ou d'une partie de votre vie, l'ego vous poussera à faire tout ce qui va dans le sens de votre croyance sur vous-même. Vous vous trouvez inintéressante ? Vous allez agir jour après jour pour le prouver, à vous et aux autres. Vous vous croyez capable de réussir ? Pareil : vous allez agir en conséquence.

Le problème n'est donc pas l'ego en lui-même, mais ce que vous décidez de faire à partir de lui. Parce que les schémas qu'il vous fait vivre, quand vous le laissez diriger votre vie, sont en grande partie inconscients et vous dévient de votre trajectoire optimale.

Vos vêtements servent très souvent de support pour votre ego. Pourquoi ? Parce qu'il existe tellement de vêtements différents, de variétés de formes, de couleurs, de matières, de motifs... que dès que vous vous habillez, vous faites un choix. Ce choix peut être fait à partir de qui vous êtes profondément, c'est-à-dire complètement détaché de vos attentes vis-à-vis de vous-même, du regard des autres et des conventions sociales. Mais c'est rare : vos choix vestimentaires sont souvent faits à partir de l'ego.

L'ego parle presque toujours à travers vos fringues, plus ou moins. Quand j'étais en classe de seconde, j'étais fan du groupe Blur. J'aimais leur musique et je trouvais ces jeunes musiciens anglais très cool. Ils représentaient pour moi un idéal. Ils sont anglais et j'ai toujours été attirée par les Anglo-Saxons et leur culture. Eux sont charmants, ils sont doués et ont réussi à vivre de leur art. Alors je me suis mise à vouloir leur ressembler, à ma manière. Ce mécanisme était conscient : quand je voyais un vêtement qui ressemblait aux leurs, je pouvais l'identifier et je savais pourquoi il me faisait envie. J'avais aussi conscience du film que je me passais intérieurement : « Blur est un groupe cool. Si je les aime, je suis cool aussi. Et si je m'identifie à eux grâce au style de vêtements que je porte, alors les gens sauront que je suis cool comme Blur. »

C'est à cette époque que j'ai découvert le magasin H&M en Allemagne : mes premiers achats dans cette boutique furent des t-shirts qui me faisaient penser à la fois à leur pochette de disque et à leur façon de s'habiller. J'ai commencé à porter des vêtements qui ressemblaient à ceux qu'ils portaient sur les photos que je voyais d'eux, l'air de rien.

Dans un coin de ma tête, je me disais… « si je fais comme eux, on devrait me trouver cool aussi, non ? Et puis les mecs verront que je ne suis pas une fille débile, une cruche, que j'ai du goût et que je suis intéressante. »

Je ne sais pas si j'aurais pu dire ça à voix haute : c'est ce qui m'habitait à l'époque, mais j'en avais un peu honte. Si j'étais vraiment cool, je ne me poserais pas ce genre de questions, non ? Oui, j'étais tourmentée. Et comme personne ne parlait de tout ça ouvertement et bien moi non plus. J'étais dans l'agitation mais ça ne se voyait pas.

Et finalement je passais plus de temps à avoir envie d'être cool que d'être réellement cool — c'est-à-dire détendue. Même si je n'y consacrais pas tout mon temps ! Le temps pendant lequel je pensais à mes vêtements et mon apparence était de trop, parce que j'essayais de prouver quelque chose, à moi et aux autres. En agissant selon ce que mon ego me dictait, j'étais prisonnière de ma croyance et de mes injonctions intérieures à être une fille bien. J'étais malheureuse parce que je perdais du temps et de l'énergie à me juger et à me prendre la tête.

Ce qui est intéressant, c'est que j'ai fait l'exact opposé l'été qui a suivi mon année de seconde, sans le savoir. Mais j'ai pu mesurer la différence en moi a posteriori.

Cet été-là, je n'avais pas d'envie particulière concernant mes fringues. J'ai juste fait un peu de shopping au début de mes vacances. J'étais plus simple et plus naturelle dans mes recherches, probablement parce que l'été, je n'étais pas en contact avec le monde social — le lycée et les gens que je voulais impressionner. Juste moi-même, mes amis, mes proches et le vaste monde dont je n'attendais rien de spécial.

Je me suis trouvé une tenue qui est devenue ma tenue de prédilection pour cet été-là. Un pantalon fluide gris légèrement rosé — une couleur subtile et douce qui me donnait beaucoup de joie, un débardeur rose framboise à col carré et une paire de sandales sobres et confortables.

J'ai mis cette tenue tout l'été, sans réfléchir. Je ne cherchais pas à être cool, à être vue, à être reconnue comme ceci ou comme cela. Je portais ces fringues parce que je me sentais bien dedans, je me sentais moi. Et chose importante : je me trouvais belle dedans, pour une fois.

C'est ce qui se passe quand on fait le choix de laisser l'ego en dehors de tout ça : on se sent bien, on se sent soi. Ce serait chouette si vous pouviez sentir la même chose, vous aussi, non ? Pour ça il va falloir qu'on parle d'un sujet qui fâche.

La mode et les tendances ne sont pas faites pour vous

Là je vous préviens, je vais mettre les pieds dans le plat ! Je suis une anti-mode, une anti-tendances et une anti-« must have ». Voilà, comme ça c'est dit.

La mode n'est pas faite pour vous. La mode est faite par des créateurs et des industriels, pour leur plaisir et leur retour sur investissement.

Les industriels veulent faire tourner leurs usines et faire de leur activité qu'elle soit rentable. Au passage, beaucoup ferment les yeux sur les conditions non-éthiques (humaines et animales) dans lesquelles sont produits les vêtements. Ils ont un cahier des charges strict qui limite le nombre de modèles, de couleurs, de matières et de formes à créer.

Les créateurs ont, eux, la tâche de créer quelque chose qui se vende bien, en tenant compte du cahier des charges. Selon les marques, leur marge de manœuvre créative est plus ou moins grande : je pense qu'on s'éclate un peu moins à créer des vêtements pour Leclerc que pour Kookaï.

Si j'ai fait des études de design textile, je n'ai pas travaillé directement pour une marque textile. Mais voilà ce que je sais.

Les vêtements sont créés pour que vous puissiez les porter, d'une certaine manière : les mensurations correspondent à peu près — et encore, cela dépend des marques et de votre silhouette — et les formes sont plutôt pratiques — on ne vend pas de vêtements qui attachent les jambes et qui empêcheraient de marcher, par exemple.

Mais ça s'arrête à peu près là pour ce qui est de la réflexion sur l'usage véritable du vêtement. Pourquoi ?

D'abord parce que rares sont les personnes qui ont conscience du pouvoir énergétique du vêtement et qui incluent cette donnée dans leur processus de production. Je dis « rares » parce que j'espère qu'il existe des créateurs de ce type sur terre, mais je n'en connais aucun !

Les vêtements sont donc pensés en termes créatifs : « quelles couleurs, matières et formes on pourrait leur donner pour qu'ils aient de la gueule ? » ou en termes de production « qu'est-ce qu'on a comme matière qui coûte pas cher à utiliser ? » Mais ils sont rarement pensés en considérant l'utilisateur (c'est-à-dire vous) et qui il est, d'un point de vue personnel et énergétique. À mon sens, c'est l'utilisateur qui doit être à la base de toute réflexion sur la création de vêtement. Et vos besoins énergétiques vestimentaires sont loin d'avoir été étudiés en détail.

Ensuite, c'est parce que le décideur reste l'acheteur. L'industriel ne produit que ce qui se vend, et on peut le comprendre. Mais on entre dans un cercle vicieux ! J'achète des vêtements basiques, noirs et gris — et je ne suis pas la seule. L'industriel comprend que c'est ce qui se vend bien. Il produit davantage de noir, de gris et moins du reste. Je ne vois que ça dans les magasins, donc c'est ce que je rachète.

Et avec le conseil en image et les médias (magazines, télévision et Internet) qui s'appuient uniquement sur ce qui existe en magasin pour vous conseiller, sans prendre de recul, vous ne pouvez pas vous en sortir.

Parlons maintenant des tendances, une invention marketing que je trouve malsaine, dans le domaine vestimentaire.

Une tendance, c'est quoi ? C'est une nouvelle direction que l'on prend – par exemple, une nouvelle façon d'agencer deux vêtements, une nouvelle combinaison de couleurs, une nouvelle forme, une nouvelle façon d'utiliser une matière... Il existe des bureaux de tendances qui créent « pour vous » les directions à suivre des prochaines années.

Relisez la phrase précédente. On dirait qu'elle sort de *1984* de George Orwell.

La mode vous communique donc ses nouvelles tendances très régulièrement, pour que vous ayez la sensation de ne plus être dans le coup rapidement et vous pousser à acheter des vêtements tendance régulièrement. Elle produit aussi des vêtements de mauvaise qualité, qui vous obligent vraiment à en racheter plus souvent.

Le résultat : vous achetez plein de vêtements très différents, qui sont porteurs d'énergies très différentes. Quand on change de style ou de tendance à chaque saison, on change donc d'énergie à chaque saison. Et si, par chance, on était tombée sur la bonne énergie à un moment, ça ne dure jamais longtemps. Les pantalons droits sont remplacés par les slims, le violet aubergine est remplacé par du bleu électrique, les t-shirts près du corps en coton sont remplacés par des hauts larges en polyester.

Comment sont créées les tendances ? Au-delà des décisions prises par l'industriel qui regarde ce qui se vend, les tendances sont élaborées de façon absolument arbitraire et subjective.

Un créateur peut tout à fait élaborer une tendance à partir d'un voyage qui l'aura inspiré. Il aura rencontré un artisan qui fabrique des tapis aux couleurs chatoyantes et qui vit dans une habitation en terre, il créera à partir de ça une gamme de couleurs mêlant des fuchsia, rouge tomate et vert pomme à un ocre plus sourd. Il insuflera un peu de ce côté « ethnique » qu'il a capté là-bas à sa collection et c'est parti pour la production ! Et vous vous retrouvez, lors de votre séance shopping, face à des imprimés mexicains et des couleurs qui pètent que vous ne savez pas très bien comment intégrer à votre garde-robe ou à votre vie. C'est normal, cela n'a pas été réfléchi pour !

La tendance peut être élaborée à partir de l'humain (un voyage extraordinaire, des rencontres bouleversantes, peu importe), cela ne la rend pas plus légitime. Car la finalité, c'est bien vous, votre confort, votre utilisation. Est-ce qu'on a pensé à vous pendant le processus de création ? Est-ce que l'anatomie énergétique du corps humain a été respectée ? Très souvent, non.

C'est une des raisons pour lesquelles de plus en plus de femmes se sentent mal dans leurs vêtements et cherchent à comprendre ce qui cloche. Vous en faites probablement partie !

Ce que vous ressentez est une réalité

Vous n'avez pas à vous forcer à faire quelque chose qui ne vous convient pas, vous n'avez pas à porter des vêtements s'ils ne vous correspondent pas. Ce que vous ressentez est une réalité.
Plus jeune, je croyais que certains vêtements étaient nécessaires pour bien vivre, je croyais que tout le monde pouvait tout porter et que si on ne pouvait pas porter certaines choses, c'est qu'on avait un problème ou qu'on était juste mal foutue — dommage !

Les vêtements super chic de mes tantes, pour les mariages, en soie sauvage ? Super classe. Mais moi, ça ne me va pas... je serai jamais « super classe ».
Les gros pulls en laine sur les mannequins ? Naturel et sexy en même temps. Moi, j'ai l'air d'un mouton mal rasé dedans... je serai jamais naturelle, ni sexy.
Les chaussures à talon ? C'est féminin. Moi, j'arrive pas à marcher avec, j'ai une démarche au mieux maladroite, au pire ridicule... je serai jamais vraiment féminine.

Vous voyez où on va ? Pendant longtemps j'ai cru que j'étais inadaptée. J'ai cru que j'avais un problème. J'ai cru que je ne pouvais pas être féminine, ni jolie, ni sexy, ni classe, ni élégante, ni ce que vous voulez. Parce que je croyais que le problème venait de moi.

Si vous avez vous aussi l'impression d'être inadaptée ou mal foutue, sachez que le problème ne vient pas de vous : il vient de vos vêtements. Si vous vous trouvez moche, pas féminine, rustre, pas jolie, ou quoi que ce soit de ce genre, il y a fort à parier que vous portez, sur vous, quelque chose qui ne vous va pas. Quelque chose qui n'est pas en harmonie avec votre énergie naturelle. Ce n'est pas vous qui avez un problème, c'est votre vêtement qui n'est pas à la hauteur.

Pour certaines de mes clientes, le conseil en image en a rajouté une couche et a fait des dégâts.

Le conseil en image pose un énorme problème

Il y a quelques temps, pendant que je préparais une conférence en ligne, j'ai fait un petit tour sur des sites de conseil en image bien en vue, puisque ce sont les premiers qui sont sortis dans les résultats de ma recherche. Je ne regarde pas vraiment ce qui se fait dans mon domaine, habituellement. Mais je voulais voir par curiosité, ce qui se disait sur les silhouettes et les formes de vêtements conseillées.

Ce que j'y ai trouvé ne m'a pas vraiment surprise, mais choquée ! Quels que soient les systèmes utilisés pour classer les corps, les conseils ont toujours le même objectif : ré-équilibrer la silhouette. Voilà un concept que je ne cautionne absolument pas et je vais vous expliquer pourquoi.

À celles qui ont les épaules étroites, on va conseiller de porter des épaulettes ou des frous-frous en haut, pour donner du volume et ré-équilibrer.

À celles qui ont les épaules larges, on va conseiller de porter des jupes évasées type patineuse, pour donner du volume en bas et ré-équilibrer.

En plus de morceler le corps pour essayer de trouver ce qui lui va, petit bout par petit bout – je ne sais pas ce que ça peut donner quand on met tout ensemble — cette vision pose un gros problème.

Cette vision pose que, quelle que soit votre silhouette, elle a un défaut ou plusieurs et qu'il faut la ré-équilibrer — sauf une silhouette à propos de laquelle j'ai lu des phrases du type « c'est la silhouette harmonieuse par excellence », ce qui sous-entendrait que les autres le sont moins ?! Qui a décidé des critères de sélection ?

Ces idées sont sournoises et nauséabondes. Elles sont diffusées avec de bonnes intentions par des personnes censées s'y connaître en matière d'harmonie, de beauté et de confiance en soi. Comment pouvez-vous avoir confiance en vous si la première chose que votre corps entend est qu'il n'est pas «conforme» à ce qu'on attend de lui? Qu'il est déséquilibré? C'est impossible. Et surtout, c'est faux! Mais comme personne ne remet cela en question, c'est accepté et ça s'infiltre dans les esprits.

Dans la nature, tout est beau et parfait tel quel. Si vous trouvez que quelque chose est moche, c'est que vous projetez votre propre négativité dessus — c'est souvent ce qui arrive pour votre corps. En réalité, chaque corps est harmonieux. Comment peut-on s'extasier sur certaines créatures — au hasard les chats, les papillons, les dauphins — et trouver à redire sur d'autres? La nature aurait mal fait son boulot? Qui sommes-nous pour juger de ça?

Pour revenir aux vêtements, sont adaptés uniquement ceux qui sont dans le prolongement du corps, ceux qui respectent ses spécificités, sa beauté — je vous en parlerai en détails dans la troisième partie de ce livre. Ceux qui vont dans le sens contraire de votre nature pour essayer de «l'équilibrer» ou vous faire entrer dans une norme, vous pouvez les oublier: ils ne vous vont pas et vous ne serez jamais bien dedans.

N'acceptez pas l'idée selon laquelle votre visage rond a besoin d'être ré-équilibré par une paire de lunettes carrées. N'acceptez pas l'idée selon laquelle votre silhouette mince a besoin de volume pour compenser quoi que ce soit. N'acceptez pas l'idée selon laquelle il faut cacher vos «défauts». Réfléchissez plutôt au message subtil que vous envoyez en faisant cela:
• à vous-même d'abord, vous dites: je ne m'aime pas.
• à votre corps, vous dites: tu n'es pas beau, il faut que je cache certaines parties de toi qui ne sont pas dignes d'amour.
• à vos enfants, vous dites: vous voyez, nous avons tous quelque chose de défectueux à masquer, je ne m'aime pas entièrement, donc vous non plus, vous ne pouvez pas vous aimer entièrement, ce n'est pas possible.
• et enfin au monde, vous dites: je préfère me cacher partiellement, par peur ou par honte, pour être acceptée et faire partie d'un monde qui ne sait pas reconnaître la beauté là où elle est, c'est-à-dire partout.

Ces idées véhiculées dans tous les médias sans distinction et avec beaucoup de légèreté sont graves, car elles empoisonnent discrètement les esprits avec de la honte, de la culpabilité, de la non-acceptation de soi et de la comparaison. Elles sont également diffusées dans des espaces a priori dédiés à la beauté: salons de coiffure, boutiques de fringues, salons de beauté, etc. Comment ne pas se laisser persuader et croire un instant qu'en gommant nos aspérités, on se sentira mieux ?

Une conseillère en image m'a écrit un jour pour me dire comment elle envisageait son accompagnement : elle respectait profondément ses clientes et si l'une d'elles avait des complexes, il était normal pour elle de lui indiquer comment les « camoufler ».

Pour moi, ce n'est pas du respect et je vais vous dire pourquoi. Personne ne naît avec un complexe. Personne. Les bébés et les jeunes enfants n'ont pas de complexe. Les complexes apparaissent — éventuellement — plus tard et sont une des conséquences du conditionnement familial et social.

Un complexe, c'est quoi ? C'est un jugement négatif porté sur soi-même, auquel on croit, par exemple :
• Mes fesses sont trop grosses.
• Mes seins sont moches.
• Mes hanches sont trop larges.
• Je n'ai pas la taille assez marquée.
• Je suis trop petite.

Ce ne sont pas des faits réels, mais des pensées sur la réalité. Conseiller une personne en tenant compte de son complexe, c'est d'abord lui envoyer le message que « Oui, c'est vrai, tes fesses sont trop grosses. » « Oui, tes seins sont moches. » « Oui, tes hanches sont trop larges. » « C'est vrai, tu n'as pas la taille assez marquée. » « Oui, tu es trop petite. »

L'objectif affiché du conseil en image étant de permettre à une personne de révéler sa personnalité à travers ses vêtements, la conseiller en tenant compte de son complexe c'est accepter ce complexe comme faisant partie d'elle, de son identité profonde, de son être. Ce qui, fondamentalement, est faux.

Si j'accepte vos jugements négatifs sur vous-même et que je compose avec, je ne vous respecte absolument pas car je fais l'amalgame entre des croyances négatives que vous avez sur vous et la personne merveilleuse que vous êtes en réalité. Je vous laisse dans la confusion et j'entretiens les croyances qui vous font perdre votre énergie et votre estime de vous-même. Pire, je les renforce.

Je ne recommande pas de nier un complexe, de faire comme s'il n'existait pas. Ce n'est pas juste. Il est en revanche possible de regarder le complexe, le reconnaître, le comprendre... sans lui donner d'importance.

J'aimerais vous parler d'une cliente fabuleuse que j'ai accompagnée l'année dernière. Sa personnalité douce et discrète l'avait poussée à se cacher derrière des tons de gris dans toutes ses déclinaisons. Calme, posée et plutôt en retrait, n'aimant pas faire de vagues, si j'avais tenu compte de cela, je lui aurais proposé de rester dans des tons neutres.

Sauf que ce n'est pas mon travail. Mon travail est d'aller regarder derrière l'écran, ce qui se joue réellement. Alors j'ai accompagné cette cliente à la découverte de sa vraie palette et elle a découvert que ses couleurs sont les plus vives d'une palette de couleurs que l'on associe à l'été : rose framboise, bleu turquoise, vert émeraude, violet doux, rouge cerise... Oui, elle a été surprise. Ça a même été un choc. Mais aujourd'hui, elle voit comme elle est fade en gris et lumineuse en couleurs. Elle se sent rayonnante et les gens le lui disent.

Je ne suis pas là pour vous dire ce que vous voulez entendre, ni pour vous maintenir dans vos complexes, en vous donnant l'illusion de les maîtriser — ce n'est qu'une façon de leur donner de l'importance. Je suis là pour vous servir vous, dans ce que vous êtes de plus pur et de plus beau. C'est tout ce dont le monde a besoin. La question est juste de savoir si vous êtes prête !

Une personne formée au conseil en image, il y a plusieurs années, m'avait interpellée en me disant que ma coiffure ne correspondait pas à mon visage. J'avais déjà les cheveux longs à l'époque. Son idée était que, comme mon visage est fin et allongé et que j'ai un grand front, il me fallait le couvrir légèrement avec quelques mèches qui descendraient sur le côté et choisir une coupe plus courte et dégradée pour donner du volume sur les côtés et rééquilibrer — encore ce mot ?!

Ré-équilibrer, moi ? Jamais.

Pour ma part, depuis que je fais ce que mes cheveux me demandent, je remarque qu'ils ondulent davantage pour mon plus grand plaisir, et surtout : je me sens moi et ne ressens plus le besoin de faire un effort particulier pour être moi. J'ai testé à peu près toutes les longueurs et notamment les cheveux courts — une jolie coupe rétro — ce qui me donnait un air tellement masculin que je devais faire des « efforts de féminité » — j'entends par là maquillage, accessoires — pour me sentir à peu près bien. Cherchez l'erreur.

La coupe de cheveux qui vous convient, comme votre tenue vestimentaire, n'est pas là pour corriger quoi que ce soit. Elle est là pour être le prolongement de ce que vous êtes. Ce n'est pas en transformant votre nature que vous pourrez y puiser votre énergie, c'est en l'embrassant totalement. Et vos vêtements sont la clé pour y arriver.

Chaque vêtement est porteur d'une énergie

Parlons des vêtements en eux-mêmes, maintenant. Savez-vous qu'ils portent une énergie ? Chaque vêtement a une énergie spécifique. C'est la raison pour laquelle vous vous sentez bien dans certains vêtements et moins bien, voire très mal, dans d'autres. Vous ne le savez peut-être pas, mais vous sentez déjà cette énergie.

Cette donnée essentielle est soit largement sous-estimée, soit carrément ignorée dans le monde. Pourtant, je sais que vous avez déjà perçu l'inconfort d'être habillée d'un vêtement dans lequel vous ne vous sentez pas bien, pas vous-même. Cette notion d'énergie du vêtement est une réalité, mais rares sont ceux ou celles qui lui accordent une place dans leur réflexion. Pourquoi ? Parce que c'est une idée qui n'a pas encore été dévoilée ou révélée au grand jour. Tout le monde sent quelque chose, mais personne ne sait vraiment dire quoi, ni pourquoi.

C'est exactement comme ça que je me sentais, plus jeune : je me sentais mal à l'aise mais sans savoir dire pourquoi. Et si j'avais voulu approfondir la question davantage, ce n'est pas vers mes vêtements que je me serais tournée !
Et pourtant… L'énergie d'un vêtement se définit selon trois critères qui sont en fait ses trois grandes caractéristiques :
• sa (ou ses) couleur(s)
• sa (ou ses) matière(s)
• sa (ou ses) forme(s)
Chacun de ces éléments donne au vêtement une énergie particulière.

Les couleurs, matières et formes sont classées en différentes familles en fonction de leurs caractéristiques. Ces familles sont liées aux quatre éléments, que vous connaissez peut-être déjà : l'Air, l'Eau, la Terre et le Feu. Ce sont les quatre grandes énergies vitales sur lesquelles s'appuient de nombreuses méthodes de connaissance de soi ou de développement personnel, dont la Métamorphose®. On peut considérer que toute chose, sur la Terre, est une combinaison plus ou moins complexe de ces quatre énergies. Elles ont des caractéristiques spécifiques, vous en trouverez une liste non-exhaustive en annexe. Nous étudierons ces caractéristiques en détail dans la troisième partie de ce livre.

Les couleurs sont classées en quatre familles que l'on peut rapprocher des quatre saisons de la nature, elles-mêmes liées aux quatre éléments. Chaque saison est associée à une palette de couleurs spécifiques.

Deux saisons font partie de la famille des couleurs dorées (ou chaudes) : le Printemps et l'Automne ; les deux autres font partie de la famille des couleurs argentées (ou froides) : l'Été et l'Hiver.

Les couleurs ne sont pas à rapprocher d'une saison comme nous aurions tendance à le faire : l'été, il fait chaud, donc ce sont des couleurs chaudes... non. Les saisons sont à appréhender en fonction de la qualité de la lumière que l'on observe à ce moment de l'année. Chaque saison a un rayonnement lumineux particulier.

Reportez-vous aux couleurs en annexe pour visualiser ce dont je parle (p. 220).

Les saisons dorées : Printemps et Automne

La lumière au printemps et à l'automne est horizontale et diffuse des rayonnements dorés.

LE PRINTEMPS

La lumière, qui était très faible en hiver, reprend de l'intensité au printemps. Elle part de presque rien, elle est donc fragile et délicate, elle va reprendre des forces. L'élément correspondant au Printemps est l'Air. On peut dire que la lumière du Printemps est comme « traversée » par l'air. Elle génère, dans la nature, des couleurs dorées claires à moyennes, plutôt légères.
Exemples : rose pêche, bleu lavande, vert amande

L'AUTOMNE

La lumière, en automne, décline après avoir été très forte. Elle a acquis une sorte de solidité, de stabilité. C'est une lumière généreuse. L'élément correspondant à l'Automne est la Terre. On peut dire que la lumière de l'Automne est « traversée » par la Terre. Elle génère, dans la nature, des couleurs moyennes à foncées, profondes et denses.
Exemples : rouille, bleu canard, vert olive

Les saisons argentées : Été et Hiver

La lumière en été et en hiver est verticale et diffuse des rayonnements argentés.

L'ÉTÉ

La lumière, l'été, est au plus fort. Elle éclaire de façon puissante la nature, qui se voile sous une telle intensité. Sous cette lumière qui dure et qui ne faillit pas, elle se montre dans toutes ses nuances, toutes ses subtilités. L'élément correspondant à l'Été est l'Eau. On peut dire que la lumière de l'Été est « traversée » par l'Eau. Elle génère, dans la nature, des couleurs douces, diluées, en demi-tons.

Exemples : rose mauve, bleu ciel, vert menthe

L'HIVER

La lumière, l'hiver, est faible. Elle est si faible qu'elle ne permet pas de distinguer les nuances de la nature. En rasant le sol, elle renforce plutôt les contrastes : le blanc est blanc, le noir est noir. L'élément correspondant à l'Hiver est le Feu. On peut dire que la lumière de l'Hiver est « traversée » par le Feu. Elle génère, dans la nature, des couleurs pures, intenses et tranchées.

Exemples : rose fuchsia, bleu glacier, vert sapin

Les matières sont classées en quatre familles associées directement aux quatre éléments :

LES MATIÈRES AIR

Elles sont aérées et aériennes, souples et délicates. Elles se font oublier, on ne sent pas le vêtement tellement il est léger. Il laisse l'air circuler et laisse la personne libre de ses mouvements. Les lainages très légers et aérés font aussi partie de cette famille. Les matières Air sont mates.

Exemple : le voile de coton, le mohair

LES MATIÈRES EAU

Elles sont douces et fluides, sans structure, avec de l'élasticité. Elles ont un certain poids et ne se font pas complètement oublier. Le tissu accompagne tous les mouvements, il est souple et suit bien les contours du corps. Ces matières sont les plus difficiles à coudre du fait de leur élasticité et de leur mollesse.

Les matières Eau sont le plus souvent mates mais peuvent pour certaines être satinées.
Exemples : le jersey de viscose, le satin de soie

LES MATIÈRES TERRE

Elles sont douces, enveloppantes et moelleuses. On sent leur présence. Elles ont une certaine épaisseur, elles protègent le corps et sont denses. Elles sont surtout en fibres naturelles, simples et sans fioriture. Elles ne sont ni raides, ni molles : elles se tiennent bien mais sans rigidité. Les matières Terre sont mates.
Exemples : le coton gratté (pilou), le molleton (sweat-shirt)

LES MATIÈRES FEU

Elles sont structurées et ont de la tenue, elles maintiennent le corps, le contiennent. Leur exécution est maîtrisée – la confection est travaillée. Elles se tiennent, se plient, se manipulent et se mettent en forme facilement, contrairement à l'Eau.
Exemples : la popeline de coton, la soie sauvage

Les formes, elles, sont classées en trois familles : l'une d'elles combine deux éléments.

LES FORMES LIGNE

Les vêtements Ligne sont sobres, épurés et minimalistes. Ils sont soit longs, soit courts, pas entre les deux. Les décolletés sont profonds, les cols sont droits et montants. Les coupes sont ajustées et près du corps, sans forcément être moulantes. La Ligne est liée à l'énergie du Feu.
Exemples : pantalon droit, robe-pull à col roulé

LES FORMES LOSANGE

Les vêtements Losange sont fantaisistes et peuvent être asymétriques. Ils sont près du corps à certains endroits et évasés à d'autres, leur longueur est moyenne. Les coupes sont géométriques, se croisent, partent sur les côtés et créent des ouvertures. Des détails sont apportés avec délicatesse. Le Losange est lié à l'énergie de l'Air.
Exemples : cache-cœur, jupe portefeuille

LES FORMES CERCLE

Les vêtements Cercle ne créent aucun angle. Les cols sont ronds, les découpes sont arrondies. Les longueurs sont plutôt courtes ou plutôt longues, sans aller à l'extrême. Les coupes sont près du corps et suivent les courbes. Le Cercle est lié à l'énergie de l'Eau et de la Terre.

Exemples : pull manches trois quarts, jupe tulipe

Vous avez maintenant une idée des grandes familles vestimentaires qui existent. Vous vous demandez sûrement ce qui vous va, là-dedans ! Et comment faire pour le savoir. Pas de précipitation. Avant d'en arriver là, j'ai encore un certain nombre de choses à vous expliquer et notamment sur votre corps.

Pourquoi on ne passe pas directement à la partie expérimentations ? Parce que c'est avec votre corps que vous allez le faire, il faut donc que je vous donne des clés pour comprendre ce qu'il va vous dire, d'abord. C'est l'objet de la partie suivante.

Nous avons vu dans cette première partie que dans l'industrie du vêtement, rien ou presque n'est fait pour vous aider à trouver ce qui vous correspond réellement. Vous êtes tellement poussée à rentrer dans une norme (mais c'est vous qui choisissez laquelle ! Fichtre, quelle liberté...), à utiliser les codes qui ont été acceptés et validés par certains et à vous inventer une personnalité ou un style que vous finissez par y croire vous-même. Avec l'inconfort, la culpabilité, la dévalorisation et la frustration que cela peut engendrer.

Rassurez-vous, Il y a une autre voie. Vous pouvez, au lieu d'écouter les injonctions extérieures, vous tourner vers l'intérieur. Vous pouvez cesser de répondre aux attentes des autres (qu'elles soient réelles ou supposées) et répondre à vos besoins. Tout commence par écouter votre corps.

Votre corps raconte qui vous êtes comme un livre ouvert

Votre corps exprime déjà qui vous êtes

Lorsque vous êtes nue, rien ne vient entraver votre énergie naturelle. Elle se diffuse sans difficulté. Le problème est que vous ne pouvez pas vivre nue 24 h/24 h, en tous cas pas en Occident. Quand bien même vous pourriez, vous n'avez peut-être pas envie de vivre nue non plus ! Je vous comprends, moi non plus.

C'est la raison pour laquelle vous portez des vêtements. Pour être couverte, protégée et maintenir une température du corps agréable.

Mais si vous faites abstraction de vos vêtements et que vous observez les particularités de votre corps, vous allez voir qu'il dit déjà de façon très explicite qui vous êtes.

Vous voyez, votre corps est la matérialisation de votre personne. Vous savez bien que vous n'êtes pas qu'un corps : selon ce que vous croyez, vous avez un esprit, une âme, un cœur... Des éléments moins tangibles qu'il est souvent difficile de placer dans l'espace. Ce qui est sûr, c'est que c'est dans le corps ou éventuellement juste autour, que ça se passe. Votre corps est comme le réceptacle de tout ce que vous êtes.

L'apparence qu'il prend n'est pas fortuite : elle correspond exactement à ce qu'il contient. Votre corps a l'apparence de ce qu'il renferme, c'est-à-dire vous, votre esprit, votre âme, votre cœur... votre être complet, en somme. Sans rien faire, votre corps reflète déjà qui vous êtes intérieurement.

Si vous êtes sur Terre, c'est parce que votre âme a décidé de venir expérimenter quelque chose de particulier. Pour cela, elle a choisi tout ce dont elle a besoin. Toutes les qualités, les particularités et les compétences nécessaires pour vivre les situations qu'elle a choisies, vous les possédez. Votre corps est la représentation concrète de votre âme. Rien, dans votre apparence, n'est dû au hasard et tout est décryptable !

Le corps parle plusieurs langues, dont celle du « physique »

Vous êtes peut-être déjà familière avec l'idée que votre corps vous fait passer des messages. Lorsque vous êtes malade par exemple, votre corps vous donne une information : vous n'avez pas respecté vos besoins — sommeil, alimentation, expression de ce que vous ressentez, etc. Lorsque vous êtes tendue physiquement, que vous avez une douleur ou un blocage quelque part, votre corps vous indique également une tension intérieure.

Le corps parle également une autre langue, très simple et pourtant peu, voire pas, étudiée : celle du physique. La morphopsychologie s'y intéresse et s'est spécialisée dans l'étude du visage. Mais le corps est plus qu'un visage et il s'exprime de tout son long : du sommet de la tête jusqu'au bout des orteils !

Votre physique est propre à vous : si nous sommes tous faits sur le même modèle, nous sommes tous différents. Pas deux personnes dans le monde ne partagent le même physique. Même les vrais jumeaux ne sont pas identiques à 100 %.

Votre physique peut s'analyser selon plusieurs critères, j'en utilise trois grands. Chacun de ces trois critères est l'expression d'une facette de votre personnalité *par* votre corps. Chacun de ces critères parle de qui vous êtes, extérieurement et intérieurement.

Voici ces 3 critères :

LE RAYONNEMENT : c'est la pigmentation de votre peau, votre carnation naturelle. Votre peau rayonne une lumière subtile et délicate, visible à l'œil nu pour les initiés — vous le serez bientôt ! Cette lumière est diffusée par votre peau : elle la traverse.

Cette lumière subtile que vous émettez naturellement est une indication de la façon dont vous êtes présente au monde. Elle parle de votre façon de prendre contact avec le monde, ce qui attire votre attention naturellement et vous pousse à agir dans une direction particulière. Votre rayonnement parle de vos motivations profondes, de l'intention première derrière vos actions.

Votre rayonnement est lié aux couleurs (les couleurs d'une saison : Printemps, Été, Automne ou Hiver). Certaines couleurs résonnent profondément avec votre rayonnement (et donc avec vous), alors que d'autres sont en décalage voire en rupture. Les couleurs qui résonnent avec vous sont celles que vous devez porter pour soutenir votre énergie personnelle et notamment vos actions dans le monde.

LE MOUVEMENT : c'est la densité de votre corps (ce qui est différent du volume), la qualité de l'énergie qui vous traverse naturellement et qui vous amène à bouger d'une façon spécifique.

L'énergie qui vous traverse naturellement et vous fait bouger, parler ou réagir d'une certaine manière est une indication de la façon dont ça bouge intérieurement pour vous, la façon dont vous gérez vos émotions. Ce mouvement extérieur est le reflet de votre fonctionnement émotionnel ainsi que de votre rythme de vie naturel.

Votre mouvement est lié aux textures et aux matières (les matières d'un élément : Air, Eau, Terre ou Feu). Certaines matières de vêtements laissent vos mouvements libres, alors que d'autres vous bloquent dans vos gestes, vous empêchent de bouger comme vous le feriez naturellement.

Et vous serez surprise de constater que nous sommes toutes différentes sur ce point : tout le monde n'a pas forcément besoin de stretch® pour se sentir bien dans ses vêtements ! Les matières qui vous correspondent sont celles que vous devez porter pour permettre à votre énergie personnelle de circuler et vous soutenir dans votre rythme de vie personnel.

LA STRUCTURE : c'est votre stature, votre architecture physique — à ne pas confondre avec votre morphologie qui, elle, a la particularité de pouvoir évoluer au cours du temps. La manière dont vous êtes construite physiquement est le reflet de la façon dont vous êtes construite mentalement : votre façon de voir le monde, de le comprendre et de vous intégrer dedans. Votre structure physique parle de vos priorités naturelles dans la vie ainsi que de votre relation au monde et aux autres. Votre structure est liée aux formes (les formes du Cercle, de la Ligne ou du Losange). Certaines formes de vêtements accompagnent votre structure physique naturelle, alors que d'autres la paralysent. Les formes qui sont dans le prolongement de votre architecture physique sont celles que vous devez porter pour soutenir votre énergie mentale ainsi que votre personnalité relationnelle et, globalement, vous aider à prendre votre place.

Il existe une méthode pour décoder cette langue

Ces critères n'ont aucun intérêt si on ne sait pas les déchiffrer, les comprendre. La bonne nouvelle, c'est que c'est possible. Il existe une méthode pour le faire. Cette méthode, vous l'aurez compris, c'est la Métamorphose®.

Cette méthode a des outils pour vous aider à analyser votre physique et traduire ce que votre corps vous raconte (depuis votre naissance) en un langage compréhensible par vous et, surtout, utilisable. Ces outils, ce sont vos vêtements. Vos vêtements, comme je vous l'ai expliqué, ont une énergie particulière. En utilisant différents vêtements, vous allez pouvoir vous confronter aux différentes énergies dont je vous ai parlé plus tôt. Et en vous mettant particulièrement à l'écoute de votre corps et de votre ressenti, vous allez apprendre à percevoir les énergies de vêtements qui vous correspondent, qui résonnent avec votre propre énergie. Vous allez aussi apprendre à reconnaître les caractéristiques des vêtements qui drainent votre énergie et qui sont à éviter.

Je vous ai dit plus haut que chacun des trois critères physiques que nous allons étudier sont liés à un aspect du vêtement : les couleurs, les matières et les formes. En fait, chacun de ces aspects va jouer un rôle double dans notre exploration : le rôle de révélateur et le rôle d'amplificateur.

Les couleurs, matières et formes diverses que nous allons utiliser vont jouer le rôle de révélateur en vous permettant de distinguer celles qui vous vont de celles qui ne vous vont pas. Elles vont vous montrer ce qui est juste pour vous et ce qui ne l'est pas. Ensuite, ces couleurs, matières et formes « justes » pour vous serviront d'amplificateur de votre propre énergie, si vous décidez de les porter — ce que je vous recommande fortement si vous voulez vous sentir belle, bien et pleine d'énergie. Cela est possible grâce au principe simple de résonance : lorsque vous confrontez votre propre énergie (vous, votre corps) à une énergie extérieure (une couleur, une matière, une forme), cette énergie extérieure va soit aller dans le sens de votre énergie personnelle et donc l'amplifier (comme si on ajoutait de l'eau à votre moulin), soit aller dans une autre direction et donc l'affaiblir, lui faire perdre de son intensité. Cet effet est visible et perceptible de façons différentes selon les personnes et les sensibilités.

Pour résumer, nous allons utiliser les couleurs, matières et formes comme des clés qui ouvriront les portes de votre personnalité profonde et vous permettront d'accéder à votre potentiel encore endormi !

Comme tout dans la nature, votre corps est fait des quatre éléments

Comme je le disais plus haut, pour observer la nature et la comprendre, on peut utiliser la grille de lecture des quatre éléments. Chacun de ces éléments a un fonctionnement propre et est perceptible grâce à des caractéristiques singulières (que vous avez découvertes dans la liste, en annexe).

Chacune de ces quatre énergies est vitale au fonctionnement du monde : il tourne rond grâce à leur présence. Il n'y a pas de meilleure ou de moins bonne énergie ! Elles ont chacune quelque chose de spécifique et de précieux à apporter.

Tout, dans la nature, peut s'observer à travers le prisme des quatre éléments. Vous ne faites pas exception à cela, puisque vous faites partie de la nature. Votre corps est donc intimement lié aux quatre éléments, lui aussi ! Votre corps, votre énergie, vos fonctionnements psychologiques et émotionnels... tous sont constitués des quatre éléments, savamment organisés et subtilement ordonnés.

Vous êtes faite des mêmes énergies que l'univers.

L'AIR est une énergie légère, vive et dispersée. Il est spontané, dynamique et son mouvement est aléatoire, imprévisible. Il est également fin et délicat, changeant et éphémère : l'Air apporte de la fraîcheur et de la gaieté.

Quelles sont les sensations qui émergent quand vous pensez à **L'AIR,** que vous l'imaginez ? Quelles sont les impressions qui vous viennent en regardant ces images ?

L'EAU est une énergie douce et enveloppante, fluide. Elle est plutôt lente au démarrage mais son rythme fluctuant peut s'accélérer. Elle épouse les formes et garde en mémoire tout ce qu'elle rencontre sur son passage. L'Eau apporte de la sérénité et de la sensualité.

Quelles sont les sensations qui émergent quand vous pensez à **L'EAU**, que vous l'imaginez ? Quelles sont les impressions qui vous viennent en regardant ces images ?

LA TERRE est une énergie posée, stable et dense qui attire à elle plutôt qu'elle ne bouge. Elle est calme et généreuse, mystérieuse aussi : on ne connaît pas tous les trésors qu'elle cache ! Sa présence est rassurante. La Terre apporte du confort et de la sécurité.

Quelles sont les sensations qui émergent quand vous pensez à **LA TERRE**, que vous l'imaginez ? Quelles sont les impressions qui vous viennent en regardant ces images ?

LE FEU est une énergie puissante, intense et transformatrice. Elle est vive et extrême, sans modération : c'est tout ou rien. Elle a un rythme saccadé et changeant : sa force naturelle peut parfois déranger. Le Feu apporte de l'ardeur et de l'espoir.

Quelles sont les sensations qui émergent quand vous pensez au **FEU**, que vous l'imaginez ? Quelles sont les impressions qui vous viennent en regardant ces images ?

Votre corps est un subtil dosage d'Air, d'Eau, de Terre et de Feu

Ces quatre éléments viennent s'organiser sur les différents plans ou critères dont nous avons parlé précédemment : votre rayonnement (la lumière émise par votre peau), votre mouvement (l'énergie qui s'exprime par vos gestes) et votre structure (l'architecture de votre corps).

Chacun de ces critères est habité par un élément qui domine ce plan : un premier élément habite le plan du rayonnement, un deuxième élément habite le plan du mouvement et enfin un troisième élément habite le plan de la structure.

Chacun de ces plans est indépendant des autres : vous pouvez retrouver un même élément sur plusieurs plans, mais vous pouvez aussi en avoir trois différents. Toutes les combinaisons sont possibles et produisent un type physique particulier.

En plus de ces trois plans principaux, la Métamorphose® en compte un quatrième : le plan spirituel, qui est en fait l'origine des trois autres. La Métamorphose® propose une grille de lecture des fonctionnements de la personne, qui s'appuie sur l'idée qu'elle est constituée de quatre plans.

La symbolique des quatre plans permet de comprendre comment vous fonctionnez concrètement, comment vos différentes parties interagissent les unes avec les autres et comment vous pouvez être davantage à l'écoute de vous-même.

Voici ce que les quatre plans indiquent :

LE PLAN SPIRITUEL correspond au projet de votre âme qui choisit de s'incarner. Il s'exprime à travers les trois autres plans réunis. À travers les attributs et les qualités qui sont présents sur les trois premiers plans humains, ce quatrième plan représente ce que notre âme a choisi d'expérimenter dans la matière. Plus les trois premiers plans sont alignés et fonctionnels, plus il est facile pour l'âme de vivre son projet initial et s'incarner.

Les quatre plans humains

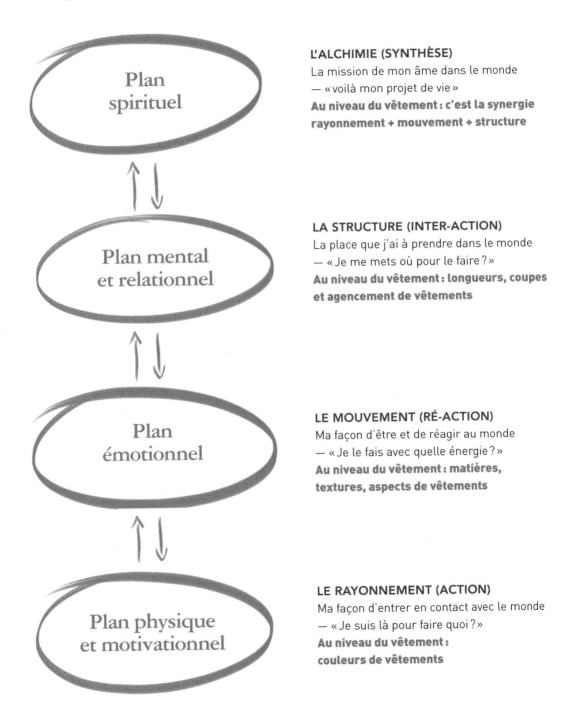

L'ALCHIMIE (SYNTHÈSE)
La mission de mon âme dans le monde
— «voilà mon projet de vie»
**Au niveau du vêtement : c'est la synergie
rayonnement + mouvement + structure**

LA STRUCTURE (INTER-ACTION)
La place que j'ai à prendre dans le monde
— «Je me mets où pour le faire ?»
**Au niveau du vêtement : longueurs, coupes
et agencement de vêtements**

LE MOUVEMENT (RÉ-ACTION)
Ma façon d'être et de réagir au monde
— «Je le fais avec quelle énergie ?»
**Au niveau du vêtement : matières,
textures, aspects de vêtements**

LE RAYONNEMENT (ACTION)
Ma façon d'entrer en contact avec le monde
— «Je suis là pour faire quoi ?»
**Au niveau du vêtement :
couleurs de vêtements**

LE PLAN MENTAL ET RELATIONNEL est accessible en observant la structure, l'architecture du corps. Il vous indique :
• votre mode de pensée naturel, ainsi que votre mode relationnel privilégié, dont découle la place que vous avez à prendre dans le monde par rappport aux autres.
• les formes de vêtements qui soutiennent votre façon de penser et votre mode relationnel.

LE PLAN ÉMOTIONNEL est accessible en observant les mouvements naturels du corps. Il vous indique :
• votre rythme de vie et votre mode de réaction privilégié, face aux situations extérieures.
• les matières de vêtements qui soutiennent votre fonctionnement émotionnel et votre rythme de vie.

LE PLAN PHYSIQUE ET MOTIVATIONNEL est accessible en observant le rayonnement lumineux de la peau. Il vous indique :
• votre façon d'entrer en contact avec le monde, ce à partir de quoi vous agissez, les motivations profondes de vos actions naturelles dans le monde.
• les couleurs de vêtements qui soutiennent vos actions dans le monde.

La Métamorphose® permet d'appréhender ces quatre plans avec précision et d'obtenir des informations sur les différentes facettes de votre personnalité, d'en comprendre les origines et les énergies. En cela, la Métamorphose® est un outil de connaissance de soi puissant, parce que précis et organisé !

C'est pour la vie

Il y a une chose essentielle à savoir : l'organisation de vos éléments est là pour la vie. Votre âme a choisi une répartition particulière des énergies vous constituant et il n'y aura pas de remaniement en cours de route ! Vous êtes née avec un profil qui est comme un plan de mission. Vos caractéristiques s'expriment plus ou moins selon les situations de vie que vous traversez, vous êtes également entièrement libre de vous appuyer sur ces forces ou non.
Votre contexte familial, social, environnemental, etc. a impacté la personne que vous êtes aujourd'hui. Ce contexte vous a influencée non pas en vous modelant à sa manière, mais en stimulant en vous ces énergies qui étaient là depuis le départ. Vos manières de fonctionner et de réagir tout au long de votre vie, quelles qu'elles soient, ont été des réponses (adaptées ou inadaptées, selon ce que vous pensez) de votre profil. Rien d'autre.

Chacune de vos facettes psychologiques est visible !

Chaque élément (l'Air, l'Eau, la Terre, le Feu) a un fonctionnement particulier et complet : si votre architecture physique correspond à l'énergie du Feu, c'est que cette énergie est en vous. Vous n'avez pas l'apparence de quelque chose que vous n'êtes pas. Ce que vous manifestez physiquement n'est que la résultante de ce que vous êtes intérieurement.

Étudier votre apparence physique va donc vous apporter des informations fascinantes sur vous-même : des informations que vous n'auriez même pas crues possible de connaître !
Pour cela, il faut savoir précisément qui correspond à quoi : comment connaître précisément votre configuration personnelle ? Quelle est l'organisation des quatre éléments en vous ? Est-il possible de le découvrir seule ?

Il faut également avoir le dictionnaire des quatre éléments : le Feu qui s'exprime dans votre structure, c'est bien, mais qu'est-ce que ça signifie ? Et quelle est la différence avec une configuration où le Feu est dans votre mouvement ?

C'est ce que nous allons voir dans un instant.

Vous, votre corps et vos vêtements : le trio gagnant

Ma quête de vérité aurait pu être très longue, si je n'avais pas eu les clés de ce qui me correspond. J'aurais pu chercher longtemps les vêtements qui parlent de qui je suis, sans avoir de piste. Mais ce n'est pas le cas. J'ai mis plusieurs années à déterminer précisément ce qui me correspond et j'aide maintenant mes clientes à le faire en quelques mois, quelques semaines, parfois quelques heures – oui, quel temps gagné ! C'est là toute la puissance de la Métamorphose® : je ne vous invite pas seulement à la réflexion, en vous soumettant des questions sur la façon dont vous choisissez vos vêtements – même si elles sont passionnantes ! J'ai développé une méthode d'une précision fulgurante pour vous aider à définir exactement ce qui vous correspond, ce dont votre corps a besoin. Vous n'aurez pas à faire comme moi et à chercher des années ce qui vous va, ce que vous devez porter pour être belle et à l'aise dans vos fringues. Vous n'aurez pas à tâtonner pour éliminer petit à petit des choses qui ne vous vont pas et trouver ce qui vous va. J'ai défriché le terrain pour vous. Chaque jour, je travaille à rendre l'accès toujours plus facile aux connaissances sacrées (oui, je considère qu'elles sont sacrées) que j'ai découvertes. Je balise le chemin, je vous guide.

C'est l'incapacité à harmoniser les 3 plans « vous, corps + vêtement » qui fait tout dérailler

Comme vous l'avez compris, votre corps est l'expression parfaite de ce que vous êtes. Lorsqu'il n'y a que vous et votre corps ou vous dans votre corps, il n'y a pas vraiment de problème. Le problème arrive quand un troisième élément entre dans l'équation : le vêtement. C'est la difficulté, voire l'impossibilité, à harmoniser ces trois plans qui vous pose problème.

C'est ce qui m'a posé un problème pendant des années, sans que je le sache ! Il est probable que vous rencontriez des difficultés précisément à cause de ça :

• jugement (sur vous, sur les autres)
• complexes sur votre physique ou votre personnalité
• culpabilité de ne pas être à la hauteur
• frustration et colère contre vous-même et votre corps, voire votre lignée familiale pour vous avoir donné le physique que vous avez
• agressivité retournée contre vous-même et votre corps qui est « mal foutu »
• désespoir et désenchantement

- inconfort régulier, voire permanent
- déconnexion du corps, car il communique trop de tensions
- tristesse
- …

Lorsqu'au contraire vous portez les vêtements qui correspondent précisément à ce que vous êtes, ils collent à votre personnalité et votre corps, car l'un ne va pas sans l'autre. Vous vous sentez donc à l'aise, bien et pleine d'énergie. Vous êtes belle et rayonnante, sans forcer et surtout sans chercher à ressembler à qui que ce soit. Je vous invite maintenant à me suivre dans la découverte de vos vêtements idéaux : couleurs, matières et formes, ainsi que dans l'initiation à leur symbolique.

S'habiller en harmonie

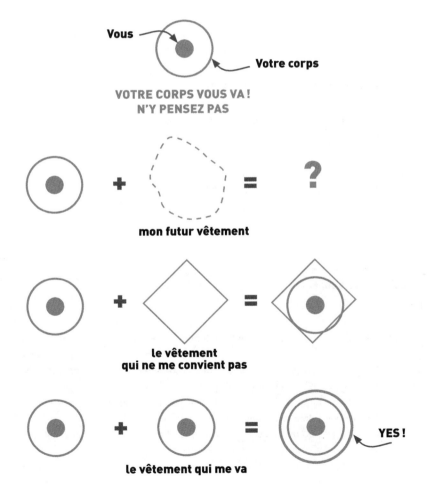

La couleur du vêtement

Sur les quatre plans humains, celui qui vient en premier est le plan physique, le plan de l'action, qui est lié à votre rayonnement, soutenu par certaines couleurs. C'est parce qu'il est le premier que je commence toujours par l'expérimentation des couleurs. Ce n'est pas la plus facile mais commencer par là a au moins deux avantages :

• lorsque nous aborderons les matières, vous trouverez probablement cela facile !
• pendant votre recherche sur les couleurs, vos yeux vont s'entraîner à regarder, vous allez éduquer votre regard. Si vous commencez par les couleurs, vous laissez plus de temps à votre cerveau pour les intégrer : lorsque vous serez occupée à sentir les matières et les formes, vos perceptions sur les couleurs vont se développer doucement à votre insu.

Dans cette partie, je vais d'abord vous expliquer comment faire concrètement pour trouver vos couleurs, en vous donnant des exercices à faire. Je vous montrerai quoi regarder et quoi voir, en m'appuyant sur des photos de femmes aux profils différents.

Ensuite je vous expliquerai ce que signifie votre rayonnement : ce qu'il indique de particulier pour vous. Pendant toute cette expérimentation, ne perdez pas de vue que votre rayonnement est un élément constituant de votre personnalité : ce n'est pas la globalité ! Ne cherchez pas à vous faire entrer dans une petite boîte en essayant de retrouver votre personnalité au complet dans votre rayonnement... vous êtes plus que ça, votre mouvement et votre structure viendront préciser le reste.

UN SET DE COULEURS C'EST QUOI ?

C'est une série de 4 variations d'une même couleur.
➜ Un set = 4 tissus différents
Par exemple : 4 bleus différents — un bleu hiver, un bleu automne, un bleu printemps et un bleu été
Les tissus peuvent être ce que vous voulez : vêtement (à vous ou pas), écharpe, étole, drap, serviette, torchon, housse de coussin, dessus de lit... tout est possible. Ce qui compte est que la surface de tissu soit suffisante pour pouvoir le passer sous le visage. Créez vos sets de tissus en vous aidant des nuanciers de couleurs en annexe. Je vous conseille de prendre un set de roses ou de rouges et un set de bleus ou de verts. 2 sets, c'est le minimum, vous pouvez en créer 3 ou 4, dans d'autres teintes.
Astuce : mettez une petite étiquette ou un autocollant sur chaque tissu avant de commencer, pour les identifier !

Le test du rayonnement

Le rayonnement correspond à la lumière subtile qui est émise par le corps, à travers la peau. Il existe des indices visibles, qui donnent des indications sur le rayonnement. Ces indices sont présents dans : les yeux (couleur, regard...), la peau (couleur, épaisseur...), les cheveux (couleur), la façon naturelle de la personne d'entrer en contact avec le monde... Pour définir votre rayonnement et les couleurs qui vous vont, il faut confronter différentes couleurs soigneusement sélectionnées à votre peau. Ces couleurs doivent venir des palettes de couleurs des quatre saisons. On appelle cet exercice le test du rayonnement. Faisons le vôtre !

PRÉPARATION

Pour faire le test, il faut un peu de matériel et de bonnes conditions :
• un miroir que vous pouvez bouger et placer devant une fenêtre ou une baie vitrée (selon sa taille, vous le poserez sur une table ou au sol)
• de la lumière naturelle (le test se fait en journée)
• une chaise pour vous asseoir devant le miroir
• 4 ou 5 pinces à linge
• un élastique ou une pince à cheveux, si besoin
• pas de maquillage
• ôtez vos lunettes si possible
• portez une tenue sobre : unie, de couleur douce (quelque chose autour du gris)
• 2 sets de tissus de couleurs différentes, au minimum, identifiées par des étiquettes
• Assise, vous devez avoir à portée de main les sets de tissus et les pinces à linge.

Exemples de sets de tissus :
4 tissus bleus : un bleu Hiver, un bleu Été, un bleu Automne, un bleu Printemps **+**
4 tissus roses : un rose Hiver, un rose Été, un rose Automne, un rose Printemps
ou bien :
4 tissus verts : un vert Hiver, un vert Été, un vert Automne, un vert Printemps **+**
4 tissus roses : un rose Hiver, un rose Été, un rose Automne, un rose Printemps
ou encore :
4 tissus bleus : un bleu Hiver, un bleu Été, un bleu Automne, un bleu Printemps**+**
4 tissus rouges : un rouge Hiver, un rouge Été, un rouge Automne, un rouge Printemps

Attention : ne prenez que des tissus dont vous êtes sûre des couleurs.

FAIRE LE TEST
1. Définir votre famille de couleurs
• Asseyez-vous.
• Passez une première couleur argentée sous le visage, accrochez-la avec une pince à linge.

- Faites pareil avec la deuxième couleur argentée.
- Faites pareil avec la première couleur dorée, puis la deuxième.
- Observez ce qui se passe avec chaque couleur, cherchez la cohérence entre le visage et la couleur.
- Identifiez si ce sont les couleurs argentées ou les couleurs dorées qui sont les mieux.

2. Définir votre Rayonnement

- Reprenez les couleurs correspondant à votre famille de couleurs (soit les couleurs argentées, soit les couleurs dorées) et passez-les l'une après l'autre, en alternant (Hiver/Été, ou bien Automne/Printemps).
- Observez ce qui se passe avec chaque couleur, cherchez la cohérence entre le visage et la couleur.
- Identifiez votre Rayonnement !

QUE VOIR ?

Vous pouvez observer un ou plusieurs de ces indices :

Une couleur qui ne vous va pas :
- choque visuellement.
- fait mal aux yeux sur vous.
- prend le dessus (on ne voit que la couleur).
- donne l'impression d'une coupure, entre la tête et la couleur.
- attire le regard.
- donne mauvaise mine : teint gris, brouillé, malade...
- donne un air négatif : fermé, dur, lourd, sérieux, plombé, vieux...

Une couleur qui vous va :
- est dans la continuité du visage, du corps.
- semble faire partie de vous.
- vous donne bonne mine, le teint reposé.
- soutient le visage naturellement.
- permet de passer de la couleur au visage avec fluidité.
- guide les yeux vers le visage : les yeux montent et restent sur le visage.
- donne un air positif : ouvert, jeune, frais, avenant...

Soyez très attentive aux choses suivantes :

Que vous aimiez ou pas la couleur sur vous n'a aucune importance ! Vous cherchez la couleur qui vous va, pas celle qui vous plaît, nuance... Vous aurez tout le temps de vous familiariser avec vos couleurs par la suite.

Certaines couleurs pourront vous donner l'impression de renvoyer de la lumière... mais est-ce vous, ou la couleur qui est lumineuse ? Ce n'est pas la même chose ! Les couleurs pâles et le blanc notamment, peuvent créer cet effet « spot » qui semble vous éclairer le visage. Prenez le temps de bien observer si vos yeux sont attirés et descendent vers la couleur ou bien si vos yeux restent sur votre visage parce que la couleur le met en avant sans prendre le dessus. La lumière qui émane de votre visage doit vraiment provenir de l'intérieur, c'est votre rayonnement que nous cherchons à mettre en avant, pas celui du tissu.

La couleur doit être dans le prolongement de votre visage et de votre corps, comme si elle ne faisait qu'un avec lui. Elle ne part pas en arrière, mais ne semble pas en avant non plus. Elle ne donne pas l'impression de vous couvrir ou de vous cacher, elle est posée et son énergie est en harmonie avec vous.

ET ENSUITE ?
Pour confirmer votre rayonnement, la meilleure chose à faire est de prendre le temps et d'expérimenter au quotidien, en portant des vêtements de différentes couleurs et différentes saisons.
Voici ce que je vous recommande de faire :
• trier votre garde-robe en fonction des quatre palettes de couleurs des quatre saisons.
• observer la répartition : une saison est-elle dominante ?
• porter des vêtements de la saison que vous avez identifiée pour vous sur une journée complète et prendre des notes au cours de la journée : comment vous sentez-vous ? Comment vous trouvez-vous, dans le miroir ? Quel est votre niveau d'énergie en milieu de journée ? Et en fin de journée ?
Attention : les personnes que vous allez rencontrer vous feront peut-être des compliments ou des commentaires sur vous ou ce que vous dégagez. Gardez à l'esprit que nous projetons tous beaucoup de choses sur les autres ! Leurs commentaires du type « tu as bonne mine » ou « ça te va bien cette couleur » sont donc à prendre avec des pincettes. Ne vous y fiez qu'un petit peu, appuyez-vous surtout sur ce que vous voyez et ressentez.

Rayonnements en images

Pour vous aider à voir de quoi je parle dans le chapitre précédent, voici des photos de femmes des quatre saisons, portant des couleurs des quatre saisons. Commencez par regarder les photos sans lire les commentaires, simplement pour sentir les couleurs justes, celles qui le sont moins... et capter les différentes énergies.
Ensuite, reprenez les photos et regardez-les attentivement en lisant les commentaires pour les explorer plus en profondeur.

Les saisons dorées

Le Printemps

CHRISTINE ET LAURA

Ce que l'on observe chez le Printemps

Les yeux : ils pétillent, il sont souvent clairs, donnent une impression de transparence. Quand on regarde les yeux, on a l'impression que la personne s'est envolée ou qu'elle est partie courir après les papillons. On peut sentir une invitation à la légèreté.

La peau : elle est plutôt claire, transparente, dorée, délicate, a un côté frais, peut avoir des taches de rousseur.

Les cheveux : ils sont clairs à moyens généralement, parfois foncés, avec des reflets dorés ou cuivrés souvent.

Ce qui se dégage de sa personne :

jeunesse, esprit juvénile	malice, espièglerie	enfance, côté joueur
légèreté, fraîcheur	naturel, pureté	insouciance, spontanéité

Le Printemps va naturellement vers le monde par curiosité. Une légère attirance naturelle se crée entre lui et nous.

CHRISTINE ET LAURA DANS LES COULEURS
QUI NE LEUR VONT PAS

Les couleurs Automne

CHRISTINE ET LAURA DANS LES COULEURS
QUI NE LEUR VONT PAS

Les couleurs Automne

CHRISTINE ET LAURA DANS LES COULEURS
QUI NE LEUR VONT PAS

Les couleurs Automne sont trop lourdes et plombantes pour elles, elles disparaissent en dessous. Elles sont en contradiction avec la légèreté et la transparence observées naturellement chez Christine et Laura. Ces couleurs les vieillissent et les rigidifient.

CHRISTINE ET LAURA DANS LES COULEURS
QUI NE LEUR VONT PAS

Les couleurs Été

CHRISTINE ET LAURA DANS LES COULEURS
QUI NE LEUR VONT PAS

Les couleurs Été

CHRISTINE ET LAURA DANS LES COULEURS
QUI NE LEUR VONT PAS

Les couleurs Été sont trop fortes et trop froides. Elles bloquent et étouffent leur délicatesse naturelle. Elles sont en rupture avec la douceur qui se dégage de leur visage. Elles ont l'air fermé et rétracté.

CHRISTINE ET LAURA DANS LES COULEURS QUI NE LEUR VONT PAS

Les couleurs Hiver

CHRISTINE ET LAURA DANS LES COULEURS
QUI NE LEUR VONT PAS

Les couleurs Hiver

CHRISTINE ET LAURA DANS LES COULEURS QUI NE LEUR VONT PAS

Les couleurs Hiver sont trop dures et cassantes, pour elles. On les voit beaucoup trop. Elles sont trop extrêmes en comparaison à la subtilité de leur teint. Ces couleurs leur « coupent » le cou.

CE QUI LEUR VA

Les couleurs du Printemps

CE QUI LEUR VA

Les couleurs du Printemps sont douces, délicates et légères, elles les mettent en valeur de façon subtile, sans rien écraser ni rien casser. Elles laissent la vie et les couleurs apparaître en créant une belle unité.

Les saisons dorées

L'Automne

NADÈGE ET LOU

Ce que l'on observe chez l'Automne

Les yeux : toute teinte possible, profonds. Quand on regarde les yeux, on a l'impression que la personne est au fond d'un couloir et qu'elle nous attend : on voit une présence profonde et accueillante. On peut sentir une invitation à se poser, se reposer sur la personne.

La peau : très claire à très foncée, taches de rousseur possibles.

Les cheveux : ils sont clairs à foncés, avec des reflets dorés ou cuivrés le plus souvent.

Ce qui se dégage de sa personne :

profondeur, densité	côté posé, stable, solide	bienveillant, rassurant, doux
attractif, disponible	généreux, riche, réfléchi, mature	

L'Automne va naturellement vers les autres pour offrir sa présence et son aide. Une attirance naturelle se crée entre lui et nous.

NADÈGE ET LOU DANS LES COULEURS QUI NE LEUR VONT PAS

Le Printemps

NADÈGE ET LOU DANS LES COULEURS
QUI NE LEUR VONT PAS

Le Printemps

NADÈGE ET LOU DANS LES COULEURS QUI NE LEUR VONT PAS

Les couleurs Printemps sont trop légères et fades par rapport à la densité et à leur présence posée. C'est comme si leur consistance se diluait dans la clarté du tissu, en emportant toute la saveur de leur personnalité.

NADÈGE ET LOU DANS LES COULEURS QUI NE LEUR VONT PAS

Les couleurs Été

NADÈGE ET LOU DANS LES COULEURS
QUI NE LEUR VONT PAS

Les couleurs Été

NADÈGE ET LOU DANS LES COULEURS QUI NE LEUR VONT PAS

Les couleurs Été sont trop visibles et trop coupantes, elles étouffent leur énergie chaleureuse. Elles sont tranchées et créent une frontière entre le tissu et le visage.

NADÈGE ET LOU DANS LES COULEURS
QUI NE LEUR VONT PAS

Les couleurs Hiver

NADÈGE ET LOU DANS LES COULEURS
QUI NE LEUR VONT PAS

Les couleurs Hiver

NADÈGE ET LOU DANS LES COULEURS
QUI NE LEUR VONT PAS

Les couleurs Hiver sont dures et cassantes, pour elles. Elles leur tirent les traits et leur donnent l'air fatigué. Elles donnent l'impression qu'elles sont enfermées. On les voit beaucoup trop, elles empêchent leur lumière et leur énergie de se diffuser.

CE QUI LEUR VA

Les couleurs Automne

CE QUI LEUR VA

Les couleurs de l'Automne sont riches et denses. Elles soutiennent Nadège et Lou dans leur pro-fondeur. Ces couleurs leur donnent bonne mine, redessinent leurs traits sans les écraser. Elles sont présentes avec justesse.

Les saisons argentées

L'Été

CLAIRE ET CÉCILE

Ce que l'on observe chez l'Été

Les yeux : toute teinte possible, côté rêveur, nuageux, flou. Quand on regarde les yeux, on a l'impression que la personne flotte sur un nuage, qu'elle est quelque part derrière un voile ou dans un monde parallèle, comme dans un rêve. On peut sentir une invitation à l'introspection ou à suivre la personne dans son monde intérieur (selon son degré d'ouverture).

La peau : très claire à très foncée, taches de rousseur possibles.

Les cheveux : ils sont clairs à foncés, avec tout type de reflets possibles (même des reflets dorés ou cuivrés légers !).

Ce qui se dégage de sa personne :

calme, tranquillité, paix	harmonie, douceur	sensualité, charme
côté ange, extra-terrestre	observation, réceptivité	introspection, retrait

L'Été est naturellement en retrait léger car tous ses sens sont mobilisés pour « sentir ». On peut percevoir une petite distance entre lui et nous.

CLAIRE ET CÉCILE DANS LES COULEURS
QUI NE LEUR VONT PAS

Les couleurs Hiver

CLAIRE ET CÉCILE DANS LES COULEURS
QUI NE LEUR VONT PAS

Les couleurs Hiver

CLAIRE ET CÉCILE DANS LES COULEURS QUI NE LEUR VONT PAS

Les couleurs Hiver sont dures et cassantes, pour elles. Elles leur tirent les traits et leur donnent l'air pâle, malade. Elles sont trop présentes et dégagent quelque chose de sévère et froid. Elles sont trop intenses pour la douceur de leur carnation.

CLAIRE ET CÉCILE DANS LES COULEURS
QUI NE LEUR VONT PAS

Les couleurs Printemps

CLAIRE ET CÉCILE DANS LES COULEURS QUI NE LEUR VONT PAS

Les couleurs Printemps

CLAIRE ET CÉCILE DANS LES COULEURS
QUI NE LEUR VONT PAS

Les couleurs Printemps leur donnent un air malade et les effacent complètement. Elles créent une impression d'étouffement. Tout s'éteint dans le visage, la vie et les couleurs s'en vont.

CLAIRE ET CÉCILE DANS LES COULEURS QUI NE LEUR VONT PAS

Les couleurs Automne

CLAIRE ET CÉCILE DANS LES COULEURS
QUI NE LEUR VONT PAS

Les couleurs Automne

CLAIRE ET CÉCILE DANS LES COULEURS QUI NE LEUR VONT PAS

Les couleurs Automne sont lourdes et oppressantes, elles recouvrent la douceur et la fraîcheur de Claire et Cécile. Leur rayonnement s'éteint, leurs couleurs aussi, leur visage est morne.

CE QUI LEUR VA

Les couleurs Été

CE QUI LEUR VA

Les couleurs de l'Été sont fraîches et modérées. Elles éclairent leur visage, dessinent leurs traits avec délicatesse et douceur. Ces couleurs unifient leur image, leur teint et créent une ouverture.

Les saisons argentées

L'hiver

JULIE ET EVA

Ce que l'on observe chez l'Hiver

Les yeux : toute teinte possible, regard clair et direct, émissif. Quand on regarde les yeux, on a l'impression que la personne est là dans sa vérité brute et entière, comme s'il n'y avait rien et tout en même temps. On peut sentir une invitation à rencontrer l'autre pour s'y confronter — la confrontation à l'autre comme moyen d'affiner son propre diamant.

La peau : très claire à très foncée, petites taches brunes ou rosées possibles.

Les cheveux : ils sont moyens à foncés, les reflets dorés ou cuivrés sont très rarement présents.

Ce qui se dégage de sa personne :

côté direct, immédiat	force	traits nets, épurés
franchise, droiture	on va à l'essentiel	élégance, prestance, charisme
simplicité	côté royal	

L'Hiver est naturellement en retrait car il prend du recul sur le monde. On peut sentir une distance entre lui et nous.

JULIE ET EVA DANS LES COULEURS
QUI NE LEUR VONT PAS

L'Été

JULIE ET EVA DANS LES COULEURS
QUI NE LEUR VONT PAS

L'Été

JULIE ET EVA DANS LES COULEURS
QUI NE LEUR VONT PAS

Les couleurs Été sont trop modérées pour elles : c'est comme s'il manquait quelque chose ou qu'il y avait quelque chose en trop. Leur visage semble voilé par la couleur, il perd de son éclat et de son intensité.

JULIE ET EVA DANS LES COULEURS
QUI NE LEUR VONT PAS

Le Printemps

JULIE ET EVA DANS LES COULEURS
QUI NE LEUR VONT PAS

Le Printemps

JULIE ET EVA DANS LES COULEURS
QUI NE LEUR VONT PAS

Les couleurs Printemps les effacent complètement. Elles sont absentes et ont l'air malade. Tout s'éteint dans le visage, la vie et les couleurs s'en vont.

JULIE ET EVA DANS LES COULEURS
QUI NE LEUR VONT PAS

L'Automne

JULIE ET EVA DANS LES COULEURS
QUI NE LEUR VONT PAS

L'Automne

JULIE ET EVA DANS LES COULEURS
QUI NE LEUR VONT PAS

Les couleurs Automne sont lourdes et oppressantes, elles recouvrent leur éclat et leur intensité. Leur rayonnement s'éteint, leurs couleurs aussi, leur visage est morne et dégage de la lourdeur.

CE QUI LEUR VA

L'Hiver

CE QUI LEUR VA

Les couleurs de l'Hiver sont pures, intenses et sans chichi. Elles éclairent leur visage, dessinent leurs traits avec délicatesse et douceur. Ces couleurs unifient leur image, leur teint et créent une ouverture.

Votre peau et son rayonnement lumineux parlent de la motivation originelle de vos actes

Les rayonnements parlent du **plan physique** de l'être, qui au niveau psychologique correspond au **plan de l'action.**

Les rayonnements indiquent **la façon naturelle d'entrer en contact avec le monde.** Ils indiquent ce à partir de quoi on agit : la motivation profonde. Ils vous informent sur votre élan personnel dans le monde et vous indiquent donc ce que vous avez à faire (le type d'actions que vous pouvez mettre en place) pour suivre l'impulsion de votre âme. Un rayonnement indique la porte d'entrée par laquelle vous passez pour goûter / toucher le monde. C'est aussi la porte d'entrée qui vous est spécifique et par laquelle vous pouvez faire passer les autres pour expérimenter le monde encore plus profondément, pour enrichir leur compréhension du monde et d'eux-mêmes.

Le Printemps

MOTIVATIONS PROFONDES

Découverte Renaissance Innovation

COMMENT ÇA S'EXPRIME

Le Printemps arrive dans le monde avec l'énergie de la nouveauté et de la renaissance. Il est poussé par sa curiosité et sa spontanéité : c'est sa manière d'entrer en contact avec le monde — et donc avec les autres.

Ce qui est primordial pour un Printemps, c'est d'apporter un nouveau souffle, la possibilité de renaître ou de se réinventer, d'innover. Continuer comme on a toujours fait, faire comme avant, ce serait mourir.

Son énergie solaire (dorée) va vers l'avant et vers les autres non pas pour eux mais dans le but de découvrir, jouer avec eux, inventer, innover, faire les choses autrement, éventuellement se rebeller.

L'Automne

MOTIVATIONS PROFONDES

Aide Service Soin

COMMENT ÇA S'EXPRIME

L'Automne arrive dans le monde avec l'énergie du don et de l'offrande. Il est là pour se mettre au service : c'est sa manière d'entrer en contact avec le monde — et donc avec les autres. Ce qui est primordial pour un Automne, c'est d'apporter son aide à d'autres, d'apporter concrètement son soutien à quelque chose qui est extérieur à lui. Il a besoin de se sentir utile et donne de sa personne avec générosité.

Son énergie solaire (dorée) va vers l'avant et vers les êtres (humains, animaux, végétaux, minéraux...) qu'il a à cœur de nourrir, soutenir, protéger, fortifier, ré-générer... d'une manière ou d'une autre.

L'Été

MOTIVATIONS PROFONDES

Beauté Harmonie Épanouissement

COMMENT ÇA S'EXPRIME

L'Été arrive dans le monde avec l'énergie de la beauté et de l'épanouissement. Il est là pour capter la beauté du monde et la rendre accessible : c'est sa manière d'entrer en contact avec le monde — et donc avec les autres.

Ce qui est primordial pour un Été, c'est de rendre la beauté du monde (direc-tement ou indirectement — celle de son monde intérieur) visible, accessible. Il perçoit finement l'harmonie là où elle est et cherche à la rendre accessible et palpable : pour son bien-être d'abord et plus largement pour l'expérience de tous. Son énergie lunaire (argentée) est en retrait pour mieux observer et contempler le monde. Sa motivation profonde ne porte pas directement sur l'autre ou les autres : c'est la notion / le concept de beauté et d'épanouissement qui l'intéresse.

L'Hiver

MOTIVATIONS PROFONDES

Essentiel Clarté Simplicité

COMMENT ÇA S'EXPRIME

L'Hiver arrive dans le monde avec l'énergie du retour à la source et de la trans-formation. Il simplifie, structure et conceptualise : c'est sa manière d'entrer en contact avec le monde — et donc avec les autres. Ce qui est primordial pour un Hiver, c'est de revenir à l'essentiel, à ce qui est fondamental. Il schématise, cla-rifie et extrait la substance de tout ce qui est complexe. Il élimine naturellement ce qui est superflu ou accessoire.

Son énergie lunaire (argentée) est en retrait pour mieux voir les grandes lignes, avoir une vision d'ensemble. Sa motivation profonde ne porte pas directement sur l'autre ou les autres : c'est la notion / le concept d'essentiel et d'absolu qui l'intéresse.

Le Soleil et la Lune

Les rayonnements dorés et argentés peuvent être rapprochés de la lumière du soleil et de la lune.

Le Soleil

OR - COULEURS DORÉES
Les Rayonnements dorés donc solaires (Printemps et Automne) ont, comme le soleil, un rapport direct au monde : leur énergie va vers le monde, vers les autres. Ils rayonnent / donnent leur chaleur.

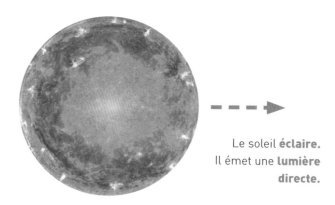

Le soleil **éclaire.** Il émet une **lumière directe.**

La Lune

ARGENT COULEURS ARGENTÉES
Les Rayonnements argentés donc lunaires (Été et Hiver) ont, comme la lune, un rapport indirect au monde : leur énergie ne va pas directement vers le monde même si elle le touche. Ils sont en retrait et « réfléchissent ». Ils « se laissent » rayonner, comme un miroir.

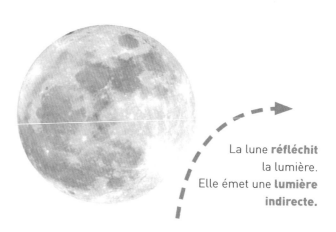

La lune **réfléchit** la lumière. Elle émet une **lumière indirecte.**

Les couleurs de vêtement qui vous soutiennent dans vos actions

Comme vous l'avez vu sur les nombreuses photos, toutes les couleurs que vous portez impactent votre énergie. Ce que vous pouvez observer avec vos yeux n'est pas anodin : c'est le reflet de ce qui se passe énergétiquement. Lorsque vous constatez qu'une couleur alourdit une personne, qu'elle lui coupe le cou ou bien qu'elle la fait disparaître, c'est ce qui se passe sur le plan énergétique. Sa vibration est alourdie, coupée ou entravée, amoindrie. Pas en totalité, car en tant qu'être humain vous êtes dotée d'une sacrée résistance, mais partiellement et c'est suffisant pour le ressentir au quotidien. Porter les couleurs qui vous correspondent influence directement et profondément votre niveau d'énergie.

Le plan impacté par vos couleurs est donc celui de vos motivations profondes, vos élans personnels à agir. Lorsque vous portez les couleurs de votre rayonnement, voici ce qui se passe :

• vous reconnaissez vos spécificités, les talents liés à votre rayonnement.
• vous réaffirmez à vous-même et à votre âme que vous êtes en accord avec le choix d'incarnation que vous avez fait, vous vous réalignez sur ce choix originel vous affirmez aux autres et au monde qui vous êtes, naturellement, sans forcer ni rien cacher.
• vous permettez à votre énergie de circuler avec facilité, ce qui crée de la fluidité dans les actions que vous mettez en place dans votre vie ainsi que dans vos relations avec les autres.
• vous vous sentez bien, cohérente et alignée sur la personne que vous êtes profondément — ce n'est plus votre ego qui choisit ce que vous allez porter par rapport à ce qu'il veut affirmer, c'est votre être qui choisit en fonction de qui vous êtes, rien de plus et rien de moins.

Dans l'absolu, vous êtes absolument libre de faire ce que vous voulez. Personne ne viendra vous reprocher quoi que ce soit, pas même votre âme ! Si elle aspire à un profond alignement énergétique entre qui vous êtes et les choix que vous faites, elle est aussi complètement détachée et dans l'acceptation inconditionnelle de vos expériences. Il n'y a donc aucune obligation à porter quoi que ce soit, juste un désir profond.

Je vous invite cependant à faire les expériences que je vous propose au fil de ce livre : rien de tel que de prendre une décision sur la base du ressenti.

En ce qui me concerne, à part lorsque j'ai envie de me déguiser, je ne peux plus porter les couleurs qui ne font pas partie de ma palette. Je perçois intérieurement et visuellement qu'elles ne me correspondent pas et je me sens mal dedans !

Vous pourriez dire que c'est psychologique, moi je ne crois pas : il y a quelques années, j'ai fait une expérience fascinante avec des élèves alors en formation professionnelle avec moi.

Pour tester mes ressentis, elles m'ont proposé de passer des tissus de couleurs de toutes les palettes de façon aléatoire, pendant que je fermais les yeux. C'était une expérience en double aveugle mais je l'ai tout de même trouvée très concluante : pour chaque tissu passé, mon ressenti était précis et unique, même si deux couleurs passées faisaient partie de la même palette ! Par exemple, le bleu glacé (Hiver) m'a donné froid, la sensation d'être prisonnière dans un iceberg, alors que le noir (Hiver aussi) m'a immédiatement fait penser à Voldemort (le personnage noir de la série Harry Potter) et m'a donné l'impression que je me ratatinais intérieurement.

Mes perceptions étaient inconfortables lorsque les couleurs ne faisaient pas partie de ma palette, elles étaient neutre ou agréables lorsqu'elles faisaient partie de ma palette (les sensations neutres apparaissant lorsque la couleur est juste pour moi mais ne fait pas partie des couleurs qui me vont le mieux).

Le monde de la couleur est infini et infiniment subtil. Je vous invite à l'explorer en profondeur pour trouver définitivement les couleurs qui font vibrer votre être entier !

Nous allons maintenant aborder le deuxième plan énergétique de vos vêtements : leur matière.

La matière du vêtement

Sur les quatre plans humains, celui qui vient en second est le plan émotionnel, le plan de la réaction et du rythme, qui est lié à votre mouvement, soutenu par certaines matières et textures.

Dans cette partie, vous allez découvrir comment faire pour trouver les matières qui vous correspondent, en expérimentant par vous-même. Je vous indiquerai ce qui est perceptible et vous dirai où diriger votre attention, en m'appuyant à nouveau sur des photos de femmes aux profils différents.

Ensuite je vous expliquerai ce que signifie votre mouvement : ce qu'il indique de particulier pour vous.

Pendant toute cette expérimentation, ne perdez pas de vue que votre mouvement, comme le rayonnement, est un élément constituant de votre personnalité et n'est pas la globalité. Vous êtes plus que ça et votre structure viendra encore vous apporter des informations sur vous.

Les quatre familles de matières

Avant de tester la famille de matières qui vous convient le mieux, prenez le temps de vous familiariser avec chacune des quatre familles.

Voici les quatre grandes familles de matières, leur description et des exemples de matières correspondantes.

Vous constaterez que les matières d'une même famille varient : certaines sont plus épaisses, d'autres plus molles, d'autres encore plus structurées... À vous d'expérimenter pendant le test et après, pour trouver précisément ce qui vous convient le mieux !

Attention : les exemples donnés ne le sont qu'à titre indicatif, une même dénomination peut être utilisée pour des matières qui ne procurent pas le même ressenti. C'est uniquement en touchant une matière que l'on peut la classer définitivement – si elle est classable : certaines matières sont des hybrides qui correspondent à tout, donc à rien...

L'AIR

Les matières de l'Air reflètent la légèreté et la délicatesse de ce mouvement, elles sont aérées et aériennes, souples et délicates. Elles se font oublier, on ne doit presque plus sentir le vêtement, tellement il est léger. Il laisse l'air circuler, et laisse la personne libre de ses mouvements. Pour avoir chaud l'hiver, des lainages très légers et aérés (voire poilus) sont possibles.

Les matières Air sont **mates.**

Par exemple :

- voile de coton, mousseline de coton
- étamine de laine
- toile de coton fine et légère
- lainage aéré et léger en alpaga, angora
- lainage aéré et léger en mohair
- gaze
- flanelle légère
- jersey léger en coton et viscose
- tissu de viscose (et non jersey)
- mélange coton et cachemire aéré

Exemples de matières Air

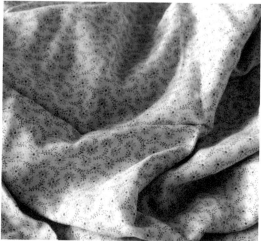

VISCOSE TISSÉE

VOILE DE COTON

COTON LÉGER PLISSÉ

L'EAU

Les matières de l'Eau sont douces et fluides, sans structure, avec de l'élasticité. Elles ont un certain poids et ne se font pas complètement oublier. On doit sentir en touchant le tissu, ou en le portant, qu'il accompagne tous les mouvements, qu'il est souple et suit bien les contours du corps. Ces matières sont les plus difficiles à coudre du fait de leur élasticité et de leur mollesse.

Exemples de matières Eau

JERSEY « MILANO »

Certaines matières Eau sont **mates,** d'autres peuvent être **satinées.**

Par exemple :

- jersey de viscose
- satin de soie
- jersey de coton avec un peu d'élasthanne
- jersey de cachemire
- bambou, modal
- mélange coton et lycra
- jersey en mélange : polyamide, viscose, coton, cachemire...
- jersey de cachemire fil fin
- jersey fin de laine avec de la soie
- jersey souple avec lurex® ou autres fils brillants
- tissage soie avec lycra ou élasthanne
- jersey de soie
- satins très fluides
- jersey « Milano »

SATIN DE SOIE FLUIDE

JERSEY DE VISCOSE

LA TERRE

Les matières Terre sont douces, enveloppantes et moelleuses. On sent leur présence. Elles ont une certaine épaisseur, elles protègent le corps et sont denses. Elles sont surtout en fibres naturelles, simples et sans fioriture. Elles ne sont ni raides, ni molles : elles se tiennent bien mais sans rigidité.

Les matières Terre sont **mates.**

Par exemple :

- jersey 100 % coton, ou coton avec un peu d'élasthanne
- mélange coton et lin
- mélange coton et laine
- coton gratté ou pilou
- les lainages doux, épais et moelleux
- mélange laine et angora
- molleton
- flanelle
- velours épais
- drap de laine, laine bouillie
- toile de coton épaisse, jean
- jersey épais retravaillé ou structuré

Exemples de matières Terre

MOLLETON STRETCH

TOILE DE COTON «BRUTE»

COTON GRATTÉ

LE FEU

Les matières Feu sont structurées et ont de la tenue, elles maintiennent le corps, le contiennent. Leur exécution est maîtrisée (la confection est travaillée). Elles se tiennent, se plient, se manipulent et se mettent en forme facilement (contrairement à l'Eau).

Les matières **Feu** peuvent être **mates, satinées ou brillantes.**

Exemples de matières Feu

Par exemple :

- toile de coton
- mélange tissé laine + coton
- popeline de coton, piqué
- dentelle
- jersey de laine mérinos
- bâche
- tissages fantaisie structurés
- toile de coton avec élasthanne ou lycra
- tissus techniques résistants, souples et élastiques
- taffetas de soie, tissus moirés
- toile de coton épaisse, jean
- velours structuré, qui a de la tenue
- drap de laine

SOIE SAUVAGE

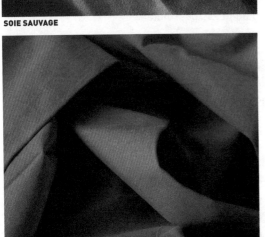

TOILE DE COTON ÉPAISSE

POPELINE DE COTON

Le test du mouvement

Le mouvement correspond à la nature de l'énergie qui traverse naturellement votre corps lorsque vous êtes en mouvement. Il existe des indices visibles qui donnent des indications sur le mouvement. Ces indices sont présents dans : la façon de se déplacer, le rythme des gestes, la rapidité ou la lenteur à commencer une tâche, le débit de parole, le mode de réaction, la façon de gérer les émotions... Pour définir votre mouvement et les matières qui vous vont, il faut confronter différentes matières soigneusement sélectionnées à votre énergie personnelle. Ces matières doivent être clairement identifiées aux quatre éléments et à leurs énergies. On appelle cet exercice le test du mouvement. Faisons le vôtre !

PRÉPARATION
Pour faire le test, il faut un peu de matériel et de bonnes conditions :
• du calme (assurez-vous de ne pas être dérangée par le téléphone, vos enfants ou quoi que ce soit).
• de l'espace pour pouvoir circuler, marcher et bouger les bras dans différentes matières.
• une tenue peu couvrante pour sentir les matières (vous pouvez opter pour les sous-vêtements).
• une température agréable pour éviter d'avoir chaud ou froid, ce qui peut biaiser votre ressenti.
• 1 set de tissus de matières différentes, identifiés par des étiquettes.
• de quoi noter vos impressions dans chaque tissu.
• si vous le souhaitez : un dictaphone/enregistreur, pour enregistrer vos impressions sur le vif plutôt que vous arrêter à chaque fois pour noter.

FAIRE LE TEST
Définir l'ordre des Mouvements en vous
• Enfilez un premier vêtement/tissu.
• Fermez les yeux, prenez le temps de ressentir ce qui se passe en vous : que ressentez-vous ?

UN SET DE TISSUS DE MATIÈRES, C'EST QUOI ?

C'est une série de 4 tissus différents : un tissu Air, un tissu Eau, un tissu Terre et un tissu Feu, au minimum. Il peut y en avoir 2 de chaque, voire 3 ou 4.

Les textiles doivent être assez grands pour que vous puissiez soit les porter, soit les mettre comme une cape qui enveloppe le haut du corps. Ne prenez que des tissus dont vous êtes sûre des matières.

Astuce : mettez une petite étiquette ou un autocollant sur chaque tissu avant de commencer, pour les identifier !

• Faites pareil avec chaque vêtement/tissu, en prenant soin de noter ou enregistrer vos impressions.

• Reprenez ensuite les différents tissus que vous avez essayés et classez-les par ordre de préférence au ressenti.

• Définissez l'ordre des quatre éléments en vous à partir de ce test.

QUE SENTIR ?

Cherchez la subjectivité : que le tissu soit léger n'est pas important, ce qui est important c'est qu'il soit léger comme vous aimez ou bien au contraire trop léger, vous ne le sentez pas assez.

Une matière qui ne vous va pas :

• entrave, bloque ou paralyse vos mouvements.

• a l'air posée sur vous, ne tombe pas bien.

• n'est pas agréable à porter.

• est trop lourde, trop légère, trop dure, trop...

• vous donne l'impression d'être cachée ou pas habillée.

• ne vous ressemble pas.

Une matière qui vous va :

• suit vos mouvement simplement.

• semble faire partie de vous.

• est agréable à porter.

• a le juste poids.

• vous donne la sensation d'être habillée.

• a quelque chose de familier, de facile.

• vous représente bien, vous ressemble.

ET ENSUITE ?

Pour confirmer votre mouvement, la meilleure chose à faire est de prendre le temps et d'expérimenter au quotidien, en portant différentes matières et en étant attentive à vos ressentis dedans.

Voici ce que je vous recommande de faire :

• trier votre garde-robe en fonction des quatre familles de matières.

• observer la répartition : une famille est-elle dominante ? Que portez-vous facilement ? Difficilement ? Jamais ?

• porter des vêtements de la famille que vous avez identifiée pour vous sur une journée complète et prendre des notes au cours de la journée : comment vous sentez-vous ? Comment vous trouvez-vous ? Quel est votre niveau d'énergie en milieu de journée ? Et en fin de journée ?

Attention : les personnes que vous allez rencontrer vous feront peut-être des compliments ou des commentaires sur vous ou ce que vous dégagez. Gardez à l'esprit que nous projetons tous beaucoup de choses sur les autres ! Comme je vous l'ai déjà dit, appuyez-vous avant tout sur ce que vous ressentez.

Mouvements en images

Les mouvements correspondent à l'énergie qui traverse le corps, lorsqu'il est ou se met en mouvement. Il existe des indices visibles, qui donnent des indications sur le mouvement. Il faut qu'un certain nombre d'indices soient réunis pour que l'on puisse attribuer un mouvement à une personne, de façon sûre. Avoir des gestes saccadés par moment, par exemple, n'est pas suffisant pour dire « c'est un Feu ! ».

Voici les caractéristiques des différents mouvements, illustrées de photos de personnes du profil correspondant. Dans cette partie, vous ne verrez pas la même personne porter différentes matières car s'il est parfois perceptible que certaines sont plus justes que d'autres, c'est d'abord une affaire de ressenti physique. J'ai donc choisi de ne vous montrer que les combinaisons gagnantes !

L'AIR

Profil physique

Impression générale : légèreté, mouvement léger permanent, parfois le mouvement est retenu (comme un enfant à qui on a dit d'arrêter de bouger), pétillement, curiosité, ouverture, fraîcheur, impression que les pieds touchent à peine le sol, rire fréquent...

Mouvement : léger, simple, délicat, mouvement très présent, visage expressif, voire très expressif. La personne bouge facilement, n'aime pas rester au même endroit, a besoin d'ajuster sa posture fréquemment, fait des gestes pour s'exprimer. Mouvements parfois éparpillés ou incohérents, accélérés, « brassage d'air ». Parfois, la retenue donne un côté absent, évanescent, voire transparent (la personne est comme absente de son corps).

Ce qui domine dans le corps : l'Air est régi par le sang (système sanguin) : tempérament sanguin (rougeurs faciles, coups de chaud et propension à s'emporter rapidement).

Centre physique et symbolique : le cerveau - l'Air pense beaucoup, et parle beaucoup pour traiter ses pensées. Son énergie est naturellement cérébrale : « mes mouvements sont le prolongement de mes pensées. »

Comment peut réagir une personne Air pendant les essayages ?

- beaucoup de matières lui semblent trop lourdes
- elle bouge dans l'espace naturellement
- elle est rapidement plombée
- elle veut passer vite de l'un à l'autre des tissus
- elle parle beaucoup (conversation légère)
- elle rigole
- elle hésite, saute d'une idée à l'autre
- elle est absente, pense à autre chose, est distraite
- elle se voit Terre ou Eau par défaut (si on lui a beaucoup dit de se taire par le passé)

Christine

L'EAU

Profil physique

Impression générale : douceur, sérénité, écoute, contact, en retrait ou en attente « pour voir », fluidité, souplesse, impression extérieure de détente ou de relâchement (même si la personne dit être tendue), peut parler beaucoup et s'étaler quand elle est lancée.

Mouvement : souple, gracieux, fluide, sans à-coup, un geste est dans la continuité du précédent, sans rupture. Les gestes peuvent gagner en rapidité dans le temps : ça commence très doucement puis ça s'accélère, s'accélère, jusqu'à la force du torrent (débit de parole, mouvements physiques dans une activité continue, etc.). Mais ils peuvent aussi être lents, nonchalants. Les mouvements peuvent être mous et l'énergie noyée, voire absente, comme si le corps se liquéfiait.

Ce qui domine dans le corps : L'Eau est régie par la lymphe (système lymphatique) : tempérament lymphatique (nonchalance, lenteur, réactivité différée).

Centre physique et symbolique : Le cœur - l'Eau ressent beaucoup et prend le temps d'explorer son ressenti et ses émotions. Son énergie est naturellement cardiaque : « mes mouvements sont le prolongement de mes élans affectifs/ressentis. »

Comment peut réagir une personne Eau pendant les essayages ?

- elle prend son temps
- elle a besoin de repasser les capes plusieurs fois pour bien ressentir
- quand elle bouge, on dirait qu'elle danse doucement, avec grâce
- elle est subtile dans ses ressentis et ses descriptions
- elle parle beaucoup et en détail de ce qui se passe, de ce qu'elle ressent
- elle bouge lentement
- on dirait qu'elle vit chaque essai comme une expérience physique particulière (comme si elle entrait en contact avec chaque énergie intimement)

Nadège

LA TERRE

Profil physique

Impression générale : présence simple et réconfortante, stabilité, solidité, ancrage, mesure, naturel, densité du corps.

Mouvement : naturel et simple, présent, dans l'économie : on ne bouge que si nécessaire, peut sembler inerte, posé, dans l'observation et à l'écoute, stable. Les gestes sont mesurés et ont du poids. Il peut y avoir de la rigidité, de la lourdeur, voire de la maladresse qui en résulte, un côté « éléphant dans un magasin de porcelaine ».

Ce qui domine dans le corps : La Terre est régie par la bile (système digestif) : tempérament bilieux (intériorisation, réactivité instinctive, tendance à ne pas digérer un événement, ou à « se faire de la bile » en silence).

Centre physique et symbolique : Le ventre - la Terre vit dans ses tripes, ses perceptions passent par son ventre, c'est par là qu'elle digère et intègre les événements. Son énergie est naturellement digestive : « mes mouvements sont le prolongement de mon instinct. »

Comment peut réagir une personne Terre pendant les essayages ?

- elle parle peu, voire pas
- elle répond simplement par « oui, ça c'est bien », « non, ça c'est trop léger »
- elle bouge peu, voire pas
- le test est rapide
- elle bouge lentement
- ses gestes sont lourds
- elle exprime son besoin de ne porter que des matières naturelles, son corps rejette les autres
- elle est calme

Arlette

LE FEU
Profil physique

Impression générale : expressivité, rapidité, intensité, contrôle, maintien, rigueur, puissance, tension, besoin d'efficacité, précision, corps plutôt dense et musclé/nerveux (comme une voiture de course dont on sent qu'elle a de la puissance dans le moteur), rougeurs éventuelles.

Mouvement : rapide, précis, avec des à-coups parfois, de l'intensité, des gestes très contrôlés ou très exubérants (ou une alternance des deux). Les mouvements peuvent aussi être arrêtés et réduits au minimum, donnant une apparence glaciale, hautaine et dédaigneuse.

Ce qui domine dans le corps : Le Feu est régi par l'électricité (système nerveux) : tempérament nerveux (réactivité exacerbée ou contrôlée, intensité, tendance aux tics nerveux).

Centre physique et symbolique : Sexe/bas-ventre - le Feu est propulsé par l'énergie de son bas-ventre (énergie créatrice, sexuelle ou énergie de vie). Son énergie est naturellement créatrice : « mes mouvements sont le prolongement de mes élans de vie, créateurs. »

Comment peut réagir une personne Feu pendant les essayages ?

- elle est dynamique et peut prendre les choses en main
- elle peut rejeter le Feu parce que cette énergie lui fait peur
- elle bouge avec vivacité, elle est active
- elle est directe et expressive dans ses mots et dans ses gestes
- elle passe de l'idée que le Feu n'est pas pour elle (croyance) au fait que le Feu, c'est génial (ressenti)
- elle est rapide et surprenante

Karine

Vos mouvements parlent de votre fonctionnement émotionnel

Les mouvements parlent du **plan émotionnel** de l'être.

Votre mouvement indique la façon dont vous gérez vos émotions, ainsi que le rythme et les caractéristiques de l'énergie qui traverse votre corps et vous met en mouvement. Il vous informe sur vos compétences et les fonctionnements spécifiques qui sont à respecter pour optimiser votre niveau d'énergie.

Vous vous reconnaîtrez probablement dans un mouvement plus fortement que les autres mais également un deuxième, de façon plus légère. C'est normal et acceptez ce mouvement secondaire comme une richesse supplémentaire.

L'AIR

Mouvement de l'énergie : **ascendante et vers l'extérieur (aléatoire)**
Mots clés : **légèreté | liberté | allégresse**
Réactivité émotionnelle : **immédiate, forte et brève**
Besoins fondamentaux : **changement | mobilité**
Système physique dominant / tempérament : **sanguin**
Centre énergétique dominant : **cérébral (j'aime comprendre)**
Présence physique équilibrée : **pétillante, légère et mobile**

Ce que ça exprime

Le mouvement Air indique que la personne est libre et souhaite le rester. Curieuse et communicative, elle aime les échanges. Elle sait prendre les choses avec humour et son regard sur la vie amène un souffle de fraîcheur et de légèreté pour les autres.

Elle est aussi spontanée et réagit souvent au quart de tour. Elle passe d'une émotion ou d'une humeur à une autre en un claquement de doigts : elle est sincère lorsqu'elle s'emporte subitement, elle est également sincère lorsque 5 minutes plus tard, elle est déjà passée à autre chose !

Elle a un grand besoin de changement. Varier, essayer de nouvelles choses, faire de nouvelles rencontres, tester de nouvelles activités, faire les choses autrement. Ce fonctionnement n'est pas un défaut mais une force qui lui permet d'ouvrir son horizon et celui des autres. Il ne faut pas le museler, mais se permettre de bouger autant que le corps le demande.

La personne Air a tendance à beaucoup réfléchir et à parler pour traiter ses pensées. Ses mouvements traduisent l'afflux léger et incessant de nouvelles idées. C'est comme si l'énergie passait par sa tête avant de se diffuser dans le reste du corps (c'est une image).

L'EAU
Mouvement de l'énergie : **descendante, va et revient (comme la marée)**
Mots clés : **fluidité | douceur | sérénité**
Réactivité émotionnelle : **profonde, différée et longue**
Besoins fondamentaux : **temps | autonomie**
Système physique dominant / tempérament : **lymphatique**
Centre énergétique dominant : **cardiaque (j'aime ressentir)**
Présence physique équilibrée : **apaisante, souple et relâchée**

Ce que ça exprime

Le mouvement Eau indique que la personne prend le temps de ressentir les choses avant d'agir ou de parler. Elle est sensible et perçoit les émotions des autres facilement, elle a aussi souvent tendance à les faire siennes et à se retrouver avec un réservoir émotionnel plein de choses qui ne lui appartiennent pas.

Elle vit ses émotions intérieurement mais en profondeur et dans l'intensité. Elle perçoit les choses en finesse et prend son temps pour capter les détails du monde qui l'entoure. Consciemment ou pas, elle enregistre des informations sensibles dont elle se servira par la suite, quand le moment sera venu. Elle peut mettre du temps avant de se lancer dans une tâche, un projet ou une conversation. Mais quand elle est lancée, on ne l'arrête plus.

Elle a besoin de temps — comme la marée — pour intégrer les choses et avancer. Ce processus intérieur n'est pas un défaut mais une force : c'est ce qui lui permet d'être aussi fine et précise dans ses projets.

La personne Eau a tendance à se noyer dans ses émotions et ressentis et à mettre du temps pour émerger. Quand tout le monde est déjà passé à autre chose, elle est encore la tête sous l'eau. La nonchalance de ses mouvements traduit cette tendance à écouter avec attention ses ressentis, voire la propension à se laisser envahir par ses émotions. C'est comme si l'énergie passait par son cœur avant de se diffuser dans le reste du corps (c'est une image).

LA TERRE
Mouvement de l'énergie : **descendante, va vers l'intérieur (attraction terrestre)**
Mots clés : **présence | densité | stabilité**
Réactivité émotionnelle : **instinctive, directe et mesurée**
Besoins fondamentaux : **concret | naturel**
Système physique dominant / tempérament : **bilieux**
Centre énergétique dominant : **ventre (j'aime toucher)**
Présence physique équilibrée : **calme, forte et stable**

Ce que ça exprime

Le mouvement Terre est caractérisé par la stabilité, la profondeur et la présence. La personne peut sembler mystérieuse, silencieuse et secrète au départ mais elle s'ouvre dès que l'on vient à elle. Observatrice et réceptive, elle écoute et veille. Instinctive, c'est en passant par le corps qu'elle intègre ses émotions et ce qu'elle vit. Le naturel et l'authenticité sont pour elle des valeurs essentielles. De manière générale, elle parle peu et ne communique que ce qui est nécessaire. Cela ne veut pas dire qu'il ne se passe rien : sa vie intérieure est riche, à l'image d'une terre fertile qu'il faut creuser pour y trouver des trésors cachés. Fiable, sa parole est solide : ce qu'elle dit est fait pour durer. Les autres savent qu'ils peuvent compter sur elle.

La Terre donne de la profondeur et de la densité à sa présence. Cette stabilité et cette authenticité sont des forces, il ne faut pas chercher à en faire plus.

La personne Terre a tendance à se refermer sur ses émotions et son vécu, lorsque ceux-ci sont durs à digérer. Elle peut alors sembler distante et désintéressée, rustre, alors qu'elle vit un mal-être intérieur dont elle ne sait que faire. La modestie de ses mouvements traduit sa tendance à vivre ses émotions dans son ventre, son tempérament instinctif. C'est comme si l'énergie passait par son ventre avant de se diffuser dans le reste du corps (c'est une image).

LE FEU

Mouvement de l'énergie : **ascendante, va et vient (par à-coups)**
Mots clés : **espoir | passion | intensité**
Réactivité émotionnelle : **immédiate, nerveuse et intense**
Besoins fondamentaux : **maîtrise | reconnaissance**
Système physique dominant / tempérament : **nerveux**
Centre énergétique dominant : **sexuel (j'aime transformer)**
Présence physique équilibrée : **stimulante, vive et dynamique**

Ce que ça exprime

Le Mouvement Feu indique que la personne regorge de puissance, d'intensité et a besoin de maîtrise. Elle est vive et rapide et aime avoir le contrôle. Pro-active et volontaire, elle est charismatique et se fait souvent remarquer. Sa vivacité et son regard aiguisé ont tendance à pousser les autres dans leurs retranchements, ce qui est inconfortable parfois, quand elle redoute sa propre puissance. Elle a besoin de matière première pour avancer, elle a un mouvement qui consomme de l'énergie. Elle peut vite s'épuiser ou épuiser les autres, être énergivore. Elle prend du plaisir à transformer ce qui ne fonctionne plus : elle aime trouver des solutions.

Le Feu donne de l'intensité et de la prestance à sa présence. Il ne faut pas ranger ces forces à l'intérieur, elles sont faites pour servir.

La personne Feu a tendance à exprimer ses émotions avec intensité et sans retenue ou alors à être dans le contrôle et à ne rien lâcher (l'un ou l'autre, soit en permanence soit en alternance). La maîtrise et l'exubérance de ses mouvements traduisent la puissance de l'énergie créatrice qui l'habite, son tempérament pro-actif. C'est comme si l'énergie passait par son bas-ventre avant de se diffuser dans le reste du corps (c'est une image).

Les matières de vêtement qui vous soutiennent dans votre rythme

Tout comme les couleurs, les matières sont à chercher pour : les vêtements, les accessoires, les bijoux, le maquillage, les coiffures...

Le plan impacté par vos matières est celui de votre monde émotionnel et de votre rythme naturel. Lorsque vous portez les matières de votre mouvement, voici ce qui se passe :
• vous reconnaissez les qualités liées à votre mouvement (extérieur et intérieur)
• vous soutenez et accompagnez votre fonctionnement émotionnel naturel
• vous vous permettez d'être vous-même et d'évoluer dans le monde à votre vitesse, à votre rythme
• vous facilitez vos mouvements physiques et vous permettez à votre énergie de circuler
• vous vous sentez bien, à la fois à l'aise et soutenue par vos vêtements
• vous affichez la singularité de votre puissance et de votre beauté
• vous acceptez votre fonctionnement émotionnel et ses particularités

Comme toujours, vous êtes libre de porter ce que bon vous semble. Certaines de mes clientes, au début de leurs découvertes sur les matières, trouvent que leurs matières sont trop restreintes ou que ça fait « pyjama » ou « pas sérieux », même. Cela arrive quand d'une part on n'a pas encore fait le tour des matières disponibles pour son propre profil et quand, d'autre part, on a des idées très arrêtées sur ce qui est « mettable » ici ou là.
Je vous invite donc à prendre le temps de chercher et d'expérimenter ce qui est bon pour vous. Je vous invite aussi à observer les idées toutes faites que vous pourriez avoir sur la difficulté ou l'impossibilité de porter certaines matières en certaines circonstances. D'où viennent-elles ? De quoi vous protègent ces idées ? Que cachent-elles ?

Porter les matières opposées à mon mouvement, je l'ai déjà fait. Et j'ai vraiment pas envie de recommencer ! J'avais 18 ans, c'était le jour de la rentrée. Mon premier jour à Olivier-de-Serres, école d'arts appliqués prestigieuse de Paris. J'avais pris la décision d'oser être plus féminine, d'y aller, quoi. Bien commencer l'année, prendre de « bonnes habitudes », dès le début.

Ce jour-là, j'avais choisi de porter une jupe et une petite chemise cintrée, avec des chaussures de fille, et non pas des baskets. Ma jupe arrivait aux genoux, elle était taillée dans un tissu non extensible : l'inconfort absolu pour moi. Ma chemise cintrée était en popeline, comme la plupart des chemises. La popeline, ça fait un petit bruit sec quand on fait un mouvement. Un petit « ziiip ! ». Un vêtement dynamique et chic ? Non : un stress permanent qui me fait transpirer dès la première seconde — et en illimité.

Mes chaussures de fille, elles, étaient plutôt confortables. Le problème : elles avaient des talons et faisaient du bruit. Avec ça aux pieds, j'avais l'impression que tout le monde me regardait, tout le temps. Même quand je ne bougeais pas et que j'avais les pieds sous la table.
Je vous laisse imaginer le soulagement que j'ai ressenti quand je suis rentrée à la maison le soir et que j'ai enfilé mon pyjama.

Cette journée avait été terriblement longue pour moi. Pourquoi ? Je transpirais, je n'arrivais pas à écouter sereinement ce que nous expliquaient nos nouveaux profs. Je n'arrivais pas à me concentrer.

Je ne me sentais pas à ma place, du coup je n'osais pas parler aux gens de ma classe et, par la suite, j'ai eu du mal à m'intégrer. Je faisais attention de ne pas tomber dans les escaliers au lieu de rigoler avec les autres. Je vérifiais que ma jupe ne remontait pas derrière au lieu de parler avec de nouvelles copines potentielles.

Je me sentais complètement à côté de la plaque, je n'étais vraiment pas moi-même et ça me coupait des autres. Rien qu'en portant des matières inadaptées ! Je suis sûre que vous avez déjà connu ça... je me trompe ?
Allons maintenant voir ce qu'il en est des formes de vêtements. Je suis sûre que, comme moi, vous trouverez ça fascinant !

La forme du vêtement

Sur les quatre plans humains, celui qui vient en troisième est le plan mental, le plan de la relation à l'autre et au monde, qui est lié à votre architecture physique et soutenu par certaines formes de vêtements.

Dans cette partie, vous allez découvrir comment faire pour trouver les formes qui vous correspondent, en expérimentant par vous-même. Je vous montrerai comment faire, quoi regarder et à quoi faire attention, en m'appuyant toujours sur des photos de femmes aux profils différents.

Ensuite je vous expliquerai ce que signifie votre structure : ce qu'il indique de particulier pour vous.

Pendant cette exploration, ne perdez pas de vue que votre structure, comme le rayonnement et le mouvement, est un élément constituant de votre personnalité et n'est pas la globalité. Vous êtes plus que ça et c'est votre profil global qui reflète qui vous êtes profondément, pas un élément seul.

Les trois structures

Avant de tester les structures et trouver celle qui vous convient le mieux, prenez le temps de vous familiariser avec chacune des trois structures.

La structure est générée par trois éléments : les formes ou coupes de vêtements, leur longueur et la façon dont on les agence.

Un élément essentiel à comprendre : quel que soit le vêtement porté, les yeux s'arrêtent là où le vêtement s'arrête. C'est comme si on mettait un coup de projecteur sur la fin du vêtement, c'est pourquoi la longueur d'un vêtement est si importante.

Voici les trois structures, leur description et des exemples de formes de vêtements correspondantes.

Attention : les exemples donnés ne constituent pas une liste exhaustive. Il existe des formes / coupes ou associations de vêtements qui peuvent fonctionner et qui ne sont pas répertoriées ici.

LA LIGNE

Pour mettre en valeur la silhouette Ligne, il faut accentuer la verticalité. Voici ce que les yeux doivent faire naturellement, quand on regarde une Ligne : ça doit bouger de bas en haut.

Il faut garder de la simplicité et de la sobriété dans les tenues et guider les yeux de bas en haut pour rendre la lecture du corps directe. On doit monter le long de l'axe vertical de la colonne vertébrale et arriver aux yeux en un instant.

Formes et coupes de vêtement Ligne : les formes de vêtements Ligne sont épurées et minimalistes.
Exemples :
• cols profonds
• longues vestes ou grands gilets droits
• découpes claires et droites
• pantalons longs et près du corps
• robes droites et près du corps
• coupes symétriques, formes simples et sobres
• chaussures à bout allongé

Longueurs de vêtement Ligne : pour la Ligne, les longueurs de vêtement doivent être minimales ou maximales, pour allonger la ligne. Les vêtements doivent donc être très longs ou très courts.
Exemples :
• mini-jupes, mini-robes, tuniques droites ou près du corps
• pantalons bien longs (qui recouvrent la cheville), shorts courts
• manches longues (qui recouvrent le poignet)
• pas de manche ou manches très courtes
• vestes et gilets longs sans ceinture
• grandes bottes (au genou)
• t-shirts ou débardeurs longs

Combinaisons de vêtements Ligne : il faut combiner les vêtements de façon sobre, pour redessiner une ligne verticale et pour ça, le mieux est de se servir des couleurs et de les porter en monochrome ou en fondu.
Exemples :
• porter un haut et un bas de la même couleur ou de couleurs proches
• porter une robe unie plutôt qu'une jupe et un haut
• porter une écharpe ou un foulard d'une autre couleur que la tenue et laisser descendre les pans de l'écharpe de chaque côté des épaules, ou l'un devant et l'autre derrière, avec suffisamment de longueur
• porter une tenue monochrome, avec un grand gilet ou une grande veste ouverte, d'une autre couleur (visuellement, ça dessine une ligne)

Accessoires et bijoux Ligne : les accessoires (montre, lunettes, sac, chapeau...) sont à choisir dans des formes sobres et dans l'idée d'allonger la silhouette. Bijoux allongés, boucle de ceinture dans la longueur, sac simple et plutôt en hauteur, etc.
Exemples :
• sautoirs, pendentifs allongés
• lunettes allongées horizontalement
• sacs hauts et droits

**Exemples
de tenues
Ligne**

LE CERCLE

Pour mettre en valeur la silhouette Cercle, il faut suivre le mouvement des courbes du corps. Voici ce que les yeux doivent faire naturellement, quand on regarde (ce sont des exemples : l'idée, c'est que ça doit tourner autour du corps, d'une manière ou d'une autre) :

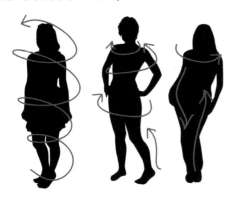

Respecter les arrondis et la douceur de la physionomie. En regardant la personne de bas en haut ou de haut en bas, les yeux doivent onduler le long des courbes.

Formes et coupes de vêtement Cercle : les formes de vêtements Cercle sont douces et arrondies.
Exemples :
• cols ronds, cols danseuse, cols ovales
• pantalons dont le bas est resserré (effet boule)
• bas de t-shirts arrondis
• jupes boules, manches ballons (si votre Mouvement le permet)
• manches évasées puis resserrées au poignet (effet boule)
• chaussures à bout arrondi

Longueurs de vêtement Cercle : pour le Cercle, les longueurs de vêtement doivent arriver sur une partie « pleine » du corps : le mollet, la cuisse, les hanches, l'avant-bras, etc.

Exemples :
• jupes à mi-cuisses
• pantalons 7/8 (un peu plus haut que la cheville)
• manches 3/4
• manchons à l'épaule
• pantalons ou jupe à taille basse
• pantalons ou jupe avec empiècement qui prend bien le bassin
• bottes qui arrivent à mi-mollet

Combinaisons de vêtements Cercle : il faut combiner les vêtements avec douceur. Essayer de créer une spirale qui partirait des pieds et monterait en tournant tout autour du corps, en utilisant les formes adaptées et en variant les couleurs.
Exemples :
• contraster le haut et le bas avec des couleurs différentes
• porter une ceinture large sur les hanches
• porter un foulard autour du cou, ou des bijoux ronds
• porter une jupe courte avec des collants d'une autre couleur

Accessoires et bijoux Cercle : les accessoires (montre, lunettes, sac, chapeau...) sont à choisir dans des formes douces et arrondies. Les colliers ne seront pas allongés mais en arrondi autour du cou, les boucles d'oreilles seront plutôt courtes et rondes (créoles, perles rondes, etc.).
Exemples :
• créoles
• colliers à grosses perles rondes

**Exemples
de tenues
Cercle**

LE LOSANGE

Pour mettre en valeur la silhouette Losange, il faut souligner les articulations. Voici ce que les yeux doivent faire naturellement, quand on regarde la personne (ce ne sont que des exemples : l'idée, c'est que ça doit bouger comme ça, par sauts) :

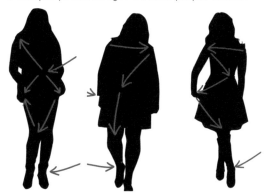

Il faut jouer avec les articulations, les souligner. Les yeux doivent sauter d'un détail à l'autre, des lignes structurées doivent nous guider d'un endroit à un autre : on se déplace sur le corps, c'est une promenade. Les yeux doivent bouger, se balader, être surpris.

Formes et coupes de vêtement Losange : les formes de vêtements Losange sont structurées et géométriques.
Exemples :
• cols en V, cols de chemise en pointe, cols carrés
• cache-cœurs, jupe portefeuille, découpes en diagonale
• pantalons évasés à partir du genou (patte d'éléphant)
• manches évasées à partir du coude, pans de différentes tailles ou formes
• vêtements type kimono
• formes décalées et asymétriques
• chaussures à bout pointu, en amande, triangulaire, ou carré

Longueurs de vêtement Losange : pour le Losange les longueurs de vêtement doivent coïncider avec une articulation. Les vêtements doivent s'arrêter sur une partie « articulée » du corps : cheville, genou, taille, coude, poignet, etc.
Exemples :
• jupes trapèze
• pantalons qui s'arrêtent sur la cheville
• manches au coude ou au poignet, manchettes sur l'épaule
• pantalons ou jupes à taille haute (qui s'arrête à la taille)
• chaussures avec une bride sur la cheville
• bottines qui arrivent à la cheville

Combinaisons de vêtements Losange : il faut combiner les vêtements de façon fantaisiste, pour marquer les articulations, les souligner et pour ça le mieux est de se servir des couleurs et d'en porter plusieurs en même temps.
Exemples :
• contraster le haut et le bas avec des couleurs différentes
• porter une ceinture fine à la taille pour séparer le haut du bas
• superposer un cache-cœur sur un haut d'une autre couleur
• faire un revers à votre pull qui laisse apparaître une manche de t-shirt d'une autre couleur

Accessoires et bijoux Losange : les accessoires (montre, lunettes, sac, chapeau...) sont à choisir dans des formes structurées et géométriques. Les colliers ne seront pas allongés mais plus courts, les boucles d'oreilles seront plutôt courtes et géométriques également (losanges, triangles, pyramides, etc.).
Exemples :
• pendentifs dont le poids donne une forme triangulaire à une chaîne
• perles carrées, pyramidales

Exemples
de tenues
Losange

Le test de la structure

La structure correspond à l'architecture de votre corps, ce qui est prédominant dans sa construction. La structure est différente de la morphologie qui, elle, inclut des données temporelles et éphémères (comme les fluctuations dans le volume du corps, qui ne font pas partie de votre essence — pour moi la morphologie c'est simplement la météo). Il existe des indices visibles qui donnent des indications sur la structure.

Ces indices sont présents dans : la taille, la ou les direction(s) vers lesquelles le corps tend énergétiquement, l'aspect prédominant visuellement entre verticalité, angles ou arrondis...

Pour définir votre structure et les formes qui vous vont, il faut confronter différentes tenues précisément agencées à votre énergie personnelle. Ces tenues doivent être identifiables aux trois structures sans équivoque. On appelle cet exercice le test de la structure. On y va ?

PRÉPARATION

Pour faire le test, il faut un peu de matériel et de bonnes conditions :
• du calme (assurez-vous de ne pas être dérangée par le téléphone, vos enfants, ou quoi que ce soit).
• de l'espace pour pouvoir circuler, marcher et bouger.
• être en sous-vêtements discrets pour bien voir ce que vous portez par-dessus (s'il fait froid, vous pouvez opter pour une tenue complètement unie et près du corps).

UN SET DE VÊTEMENTS DE CHAQUE STRUCTURE, C'EST QUOI ?

C'est une série de 2 vêtements différents minimum, correspondant à chaque structure.
Exemple :
Pour la Ligne : un pantalon long et près du corps, et une robe courte et droite
Pour le Losange : un pull cache-cœur, et une jupe trapèze longueur genou
Pour le Cercle : un t-shirt col rond et manches 3/4, un pantacourt longueur mollet
Les vêtements doivent être à peu près à votre taille pour que vous ne soyez pas influencée par le fait que ce soit trop serré ou trop large pour vous.
Attention : ne prenez que des vêtements dont vous êtes sûre de la structure.

• une température agréable pour éviter d'avoir chaud ou froid, ce qui peut biaiser votre ressenti
• 1 set de vêtements pour chacune des trois Structures
• de quoi noter vos impressions dans chaque vêtement
• si vous le souhaitez : un dictaphone/enregistreur, pour enregistrer vos impressions sur le vif plutôt que vous arrêter à chaque fois pour noter

FAIRE LE TEST

• Enfilez un premier vêtement.
• Fermez les yeux, prenez le temps de ressentir ce qui se passe en vous : que ressentez-vous ?
• Ouvrez les yeux, regardez-vous dans le miroir : que voyez-vous ?
• Faites pareil avec chaque vêtement, en prenant soin de noter ou enregistrer vos impressions.
• Reprenez ensuite les différents vêtements que vous avez essayés et classez-les par ordre de préférence au ressenti.

QUE VOIR, QUE SENTIR ?

Cherchez la subjectivité : nous ne cherchons pas à masquer ou cacher vos particularités mais au contraire à les rendre lisibles harmonieusement. Observez-vous attentivement intérieurement et extérieurement pour trouver ce qui vous convient.

Dans le Cercle

Si on est Cercle, dans un vêtement Cercle on peut se sentir : posée, calme, à l'aise, légère, généreuse, ouverte mais à sa place, ancrée, prête à donner, féminine, sensuelle, prendre toute sa place en hauteur (l'impression de grandir un peu)...

Si on n'est pas Cercle, dans un vêtement Cercle on peut se sentir : ridicule, ligotée, enfermée, lourde, pataude, comme un sac, épaisse, grosse, incapable de bouger ou d'avancer, petite fille, trop sérieuse...

Dans le Losange

Si on est Losange, dans un vêtement Losange on peut se sentir : ouverte, légère, dynamique, féminine, prête à jouer, l'envie d'expérimenter, papillon, libre, délicate, à l'aise, à sa place et en mouvement, maintenue juste là où il faut, prendre toute sa place en hauteur (l'impression de grandir un peu)...

Si on n'est pas Losange, dans un vêtement Losange on peut se sentir : enfermée, ligotée, emprisonnée, lourde, sérieuse, sévère, coincée, rigide, stricte, sévère, masculine, petite fille, coupée en morceaux...

Dans la Ligne

Si on est Ligne, dans un vêtement Ligne on peut se sentir : grande, élancée, prête à avancer droit devant, canalisée, puissante, ancrée, féminine, à sa place, élégante, étirée vers le haut...

Si on n'est pas Ligne, dans un vêtement Ligne on peut se sentir : coincée (comme dans un tube vertical), rigide, toute petite, tassée, stricte, sévère, masculine, ne touchant pas le sol, perdre pied, lourde...

ET ENSUITE ?

Pour confirmer votre structure, comme toujours je vous conseille de prendre le temps et d'expérimenter au quotidien, en portant différentes tenues bien identifiables aux structures et en étant attentive à vos ressentis dedans.

Voici ce que je vous recommande de faire :
• trier votre garde-robe en fonction des trois structures
• observer la répartition : une structure est-elle dominante ? Que portez-vous facilement ? Difficilement ? Jamais ?
• porter des vêtements de la structure que vous avez identifiée pour vous sur une journée complète et prendre des notes au cours de la journée : comment vous sentez-vous ? Comment vous trouvez-vous ? Quel est votre niveau d'énergie en milieu de journée ? Et en fin de journée ?

Attention aux retours extérieurs : prenez surtout votre ressenti en compte !

Structures en images

Les Structures correspondent à l'architecture du corps, la forme fondamentale autour de laquelle le corps se construit. Il existe des indices visibles, qui donnent des indications sur la Structure.

Attention : il faut qu'un certain nombre d'indices soient réunis pour que l'on puisse attribuer une Structure à une personne, de façon sûre. Mesurer plus d'1,70 m, par exemple, n'est pas suffisant pour dire « c'est une Ligne ! ».

Voici les caractéristiques des différentes structures, illustrées de photos de personnes du profil correspondant. À nouveau dans cette partie, j'ai donc choisi de ne vous montrer que les combinaisons gagnantes : des personnes portant exactement ce qui leur convient.

LA LIGNE
KARINE ET JULIE

Profil physique

Impression générale : hauteur, grandeur, silhouette allongée, énergie qui monte droit vers le haut.

Que la personne soit mince ou non, le regard monte le long de son corps et ne s'attarde pas sur les membres ou sur des détails. Énergétiquement, on peut sentir qu'elle investit l'espace qui est devant elle (comme si avancer en ligne droite pouvait la soulager).

Anatomie : une personne Ligne est plutôt grande (min. 1,65 m), grande ou très grande. Ses membres (bras, jambes) ainsi que son cou sont plutôt allongés.

Comment peut réagir une personne Ligne pendant les essayages ?
• la personne sait déjà qu'elle est Ligne, avant même d'avoir fait le test
• elle va vite, elle n'a pas besoin de passer beaucoup de temps sur chaque forme
• elle est directe dans ses paroles
• elle n'aime pas les fioritures et les chichis
• elle est sensible aux concepts de minimalisme, simplicité, sobriété, élégance
• si elle est en surpoids, elle peut s'imaginer Cercle, par défaut

LE LOSANGE
ARLETTE ET EVA

Profil physique

Impression générale : ouverture, délicatesse des traits et des membres, raffinement, souplesse d'esprit, donne l'impression d'être «ouverte» sur les côtés, c'est-à-dire qu'elle est plus à l'aise pour aller vers la droite ou vers la gauche, que devant (gestes, mouvements, déplacements).

Énergétiquement, on peut sentir qu'elle investit facilement l'espace qui est sur ses côtés. On perçoit chez elle les détails, les extrémités, les angles, les points de focus...

Anatomie : une personne Losange a les articulations fines, la taille plutôt marquée (sauf si en surpoids). Les arêtes du visage sont parfois saillantes. Toutes les tailles sont possibles, mais les très grandes tailles sont plus rares.

Comment peut réagir une personne Losange pendant les essayages ?

• la personne sent déjà qu'elle est Losange (elle se reconnaît complètement dans le descriptif)

• elle expérimente toutes les formes avec curiosité

• elle bouge, se tourne, marche, parle...

• elle aime beaucoup la fantaisie et l'asymétrie associées au Losange, s'y retrouve

• elle est indépendante et se fait son opinion sur sa structure en toute liberté

• si elle est en surpoids, elle peut s'imaginer Cercle, par défaut

LE CERCLE
LAURA ET CÉCILE

Profil physique

Impression générale : douceur, générosité, enveloppement des autres, adaptation. Le regard enveloppe la personne dans son ensemble, rien ne vient arrêter ou bloquer la rotation. On a l'impression que la personne est présente à ce qui se passe autour d'elle, plutôt que d'avoir un but un tête qui la fait avancer tout droit. Énergétiquement, on peut sentir comme une bulle autour d'elle, comme si elle avait besoin que l'énergie tourne autour d'elle pour se sentir à l'aise. On perçoit des zones, du « plein » chez elle. L'envie est de regarder l'ensemble (par exemple le visage) plutôt qu'un détail (par exemple le nez).

Anatomie : une personne Cercle a les traits doux et parfois ronds. Les différentes parties du corps ne semblent pas détachées ou articulées, mais comme si tout était une seule et même forme organique.

Toutes les tailles sont possibles, mais les très grandes tailles sont plus rares.

Comment peut réagir une personne Cercle pendant les essayages ?

• la personne sent déjà qu'elle est Cercle (c'est un peu plus rare : le Cercle a tendance à tout envisager !)

• elle s'imagine être tout, peut s'envisager Ligne, Losange puis Cercle

• elle n'arrive pas à voir ou sentir par elle-même, elle doute beaucoup

• elle peut parler de son ventre comme d'une zone sensible et ne pas aimer y être serrée

• elle n'aime pas ses formes et accepte mal le Cercle

• elle a besoin de faire les essais plusieurs fois, elle a besoin de temps

• elle a du mal à s'écouter et se repose beaucoup sur l'extérieur en hésitant

• si elle est en surpoids, elle peut penser que c'est pour ça qu'elle est Cercle

Votre architecture physique parle de votre façon de voir le monde et d'entrer en relation

Les Structures parlent du plan mental de l'être. Elles indiquent la façon dont nous pensons le monde, la façon dont nous prenons place dans celui-ci et donc nos modes relationnels privilégiés. Elles nous informent sur nos compétences relationnelles et mentales et les fonctionnements spécifiques qui sont à respecter pour prendre notre juste place.

LA LIGNE

Principe fondateur : **l'unité, le « un »**
Fonctionnement relationnel : **moi d'abord, les autres ensuite**
Fonctionnement mental : **linéaire**
Mots clés : **direction | hauteur | intégrité**
Besoins fondamentaux : **solitude | efficience**
Rôle à jouer : **guide | éclaireur**

Ce que cela exprime

La Structure Ligne indique que la personne est efficace ou aspire à l'être, avant tout. Elle apprécie d'être seule pour travailler, produire, avancer (et non pas pour se ressourcer). Quand elle est seule, c'est comme si la voie était libre devant elle, elle peut y aller à fond.

Elle est grande, voit loin et sait par quel chemin passer pour arriver à son objectif rapidement. Elle ne supporte pas que l'on s'interpose pour lui donner des indications ou des ordres, elle n'aime pas non plus devoir travailler en équipe dirigée : elle a l'impression de perdre du temps... à moins de la diriger elle-même. Sa vision étant claire, elle peut facilement prendre la place du leader.

Elle a une idée limpide de son idéal et elle fait tout pour l'atteindre. Le côté le plus difficile pour elle, dans la concrétisation de ses projets, est le temps de la réalisation : tout ne se fait pas en un claquement de doigt et ça peut la frustrer. Son fonctionnement est intègre (dans le sens où la personne est « une et entière ») et elle peut se concentrer et se focaliser lorsqu'elle est seule. Cela ne veut pas dire qu'elle n'est pas sociable : elle sait qu'elle est seule aux commandes, et elle apprécie cette responsabilité.

La Ligne aime quand les choses avancent vite et tout droit. Elle aime atteindre des objectifs et avancer. La destination l'intéresse plus que le trajet, même si elle sait qu'elle peut apprendre des choses en route. Elle a tendance à penser sa vie, ses relations et le temps de façon linéaire : c'est oui ou non, blanc ou noir, le passé ou le futur. Elle n'aime pas trop les entre-deux et les compromis, qui ne lui permettent pas de s'engager à 100 % comme elle a besoin de le faire.

LE LOSANGE
Principe fondateur : **l'ouverture, le « et »**
Fonctionnement relationnel : **l'un et l'autre, toi et moi**
Fonctionnement mental : **multidimensionnel (en étoile)**
Mots clés : **lien | équilibre | mobilité**
Besoins fondamentaux : **liberté | variété**
Rôle à jouer : **médiateur | libérateur**

Ce que cela exprime
La Structure Losange indique que la personne est mobile dans ses activités et dans ses relations. Elle perçoit le monde comme un vaste terrain d'expérimentations toutes plus intéressantes les unes que les autres, et rester au même endroit l'ennuie profondément. Cette propension à aller voir ailleurs ce qui s'y passe lui permet de voir les situations sous des angles différents et d'être créative dans sa façon de traiter les difficultés.

Sa façon de penser en étoile et de faire des liens entre des choses a priori déconnectées peut en dérouter certains, mais c'est une qualité qui lui permet aussi de mettre les bonnes personnes en relation ou de faire des ponts fascinants entre des domaines éloignés.

Elle cherche l'équilibre, surtout dans la relation : que chaque personne soit à sa place et qu'on puisse échanger d'égal à égal, que ce soit avec un enfant ou son boss, c'est essentiel. C'est vraiment la qualité d'une relation qui l'intéresse, plus que les acteurs eux-mêmes. Être en lien tout en se sentant libre, voilà ce qu'elle cherche à atteindre.

La personne Losange a besoin de mener plusieurs activités en même temps : chacune nourrit et enrichit les autres. Elle ne supporte pas la monotonie et a besoin de casser la routine en variant les plaisirs, sinon elle se sent enfermée ou à l'étroit, sa liberté est menacée et elle étouffe.

Dans une nouvelle aventure, elle est plus intéressée par le voyage en lui-même et les rencontres/expériences qu'il va provoquer que par la destination. Les contacts, échanges, mélanges, rencontres (de personnes, de cultures, de pratiques…) la nourrissent. Elle se vit comme un grand enfant qui fait des expériences et s'amuse, et a besoin de maintenir un niveau élevé de curiosité et de nouveauté dans ses activités sinon elle perd de sa vitalité.

Elle a tendance à penser sa vie, ses relations et le temps de façon multidimensionnelle : chaque élément, personne, relation ou activité est une expérience qu'elle peut faire à n'importe quel moment. Et elle peut passer de l'une à l'autre, si différentes soient-elles, sans que cela ne la perturbe (au contraire), car dans sa tête, elles sont toutes connectées, d'une façon ou d'une autre.

LE CERCLE

Principe fondateur : **la globalité, le « tout »**
Fonctionnement relationnel : **l'ensemble d'abord, l'individu ensuite**
Fonctionnement mental : **englobant**
Mots clés : **ondulation | cycle | abondance**
Besoins fondamentaux : **communauté | cohésion**
Rôle à jouer : **fédérateur | présence**

Ce que cela exprime
La Structure Cercle indique que la personne avance plus facilement lorsqu'elle se sent reliée aux autres, même si c'est seulement par les idées. Trouver sa communauté est essentiel à son développement. Son fonctionnement enveloppant et à l'écoute fait d'elle une personne appréciée des autres et ça tombe bien, puisque c'est entourée qu'elle est la plus efficace.

Elle prend conscience de l'ensemble avant de s'attacher au détail et elle prend toujours le temps de mesurer tous les éléments d'une question avant d'y répondre : c'est ce qui s'appelle faire le tour de la question.

Dans sa vie et ses projets, c'est pareil : elle a acquis des compétences, elle a des talents naturels et elle cherche le moyen de les rassembler, d'en faire un tout cohérent sans rien abandonner : c'est parfois un vrai casse-tête mais elle préfère prendre le temps de tout mettre en place plutôt que de renoncer à l'une de ses activités. L'exclusion ne fait pas partie de son langage.

La personne Cercle se perçoit comme faisant partie du tout : la vie, l'humanité, le collectif. Retrouver son centre et ses propres limites est essentiel, pour ne pas se noyer dans l'immensité. Cette façon de concevoir l'ensemble avant le détail lui permet de ressentir fortement ce qui se joue dans un groupe ou une équipe, car elle se place naturellement au centre, au cœur. Elle est au contact des autres et perçoit ce qui peut les opposer. Elle a souvent tendance à vouloir tempérer et ré-harmoniser l'ensemble, car elle comprend ce qui se passe de l'intérieur.

Le Cercle puise naturellement son énergie dans le collectif, qu'il soit présent physiquement, ou en pensée. Le collectif, cela peut-être familial, amical, culturel, spirituel, politique, religieux...

La personne Cercle pense sa vie, ses relations et le temps de façon cyclique ou globale : chaque personne, activité, relation fait partie d'un tout, un ensemble, où chaque élément a sa place ou doit la trouver. Ce qui a été dans le passé peut être envisagé dans le futur. Pour elle, ce qui touche un domaine touche tous les autres par répercussion, car les différents éléments de sa vie sont tous dans un seul et même contenant.

Les formes de vêtements qui vous aident à prendre votre place

Tout comme les couleurs et les matières, les formes qui correspondent à votre structure sont à chercher pour : les vêtements, les accessoires, les bijoux, le maquillage, les coiffures...

Le plan impacté par vos formes est celui de votre monde mental et relationnel. Lorsque vous portez les formes de votre structure, voici ce qui se passe :

• vous reconnaissez qui vous êtes et la place que vous avez à prendre
• vous soutenez et accompagnez votre fonctionnement mental et relationnel naturel
• vous vous permettez d'être vous-même et de vous donner la place qui vous convient le mieux (dans vos vêtements et dans la vie)
• vous permettez à votre énergie de circuler en suivant les axes qui priment chez vous

- vous vous sentez bien, à la fois à l'aise et soutenue par vos vêtements
- vous affichez la singularité de votre puissance et de votre beauté
- vous acceptez et activez votre fonctionnement mental

Le fait de connaître ma structure a changé ma vie : vous allez voir à quel point ma méthode m'a d'abord aidée moi-même, avant d'aider les autres !

Pendant 26 ans je me suis considérée — avec des pics plus forts — comme une asociale, une fille qui n'est pas capable d'avoir des relations chaleureuses avec les autres, une fille froide et rigide.

C'était paradoxal, parce que vue du dedans, je me savais pas comme ça, mais quand je me regardais depuis dehors, en me comparant aux autres, alors là c'était la «cata». Connaître mes couleurs ne m'avait pas vraiment aidée par rapport à ça.

Jusqu'au jour où j'ai compris que j'étais Ligne. Je me souviens de ce moment très précisément. J'étais dans le bureau de l'amie avec laquelle j'ai créé les fondements de ma méthode. Nous venions de mettre à jour les trois grandes structures et je prenais conscience de la mienne.

Oui, j'étais bien Ligne : grande et élancée, avec l'envie d'aller toujours plus haut. L'envie d'être toujours plus «une» et de simplifier tout pour aller à l'essentiel. Le côté insupportable de tout ce qui vient entraver ma verticalité : les ceintures, les vêtements fantaisie, les trucs trop courts...

Oui, j'étais bien Ligne : l'envie d'avancer seule et l'impression de «me suffire à moi-même», l'élan de faire les choses de mon côté sans rien demander aux autres. La capacité à voir loin, à avoir de l'ambition et à vouloir atteindre mes objectifs le plus vite possible sans voir d'intérêt particulier au chemin qui m'y conduit.

Oui, j'étais bien Ligne ! Quel soulagement ! Je suis «normale», je suis «adaptée». Je n'ai pas de problème à régler, je n'ai pas un énième lot de casseroles à aller nettoyer en thérapie. Je ne suis pas asociale non plus, j'ai juste besoin de faire les choses seule. Joie ! Liberté !

Voilà ce qui s'est passé en moi quand j'ai découvert ma Ligne. Porter des vêtements Ligne à la suite de cette découverte majeure m'a permis de continuer à ressentir tout ça, à le vivre dans la durée.

Je vous souhaite de découvrir et ressentir cette joie profonde de vous retrouver, vous aussi. Multipliez l'impact énergétique de vos vêtements dans votre vie en combinant vos couleurs, matières et formes. «Alchimisez» votre profil personnel !

Rayonnement, mouvement et structure

Vous pourriez ne mettre en application qu'une partie sur les trois que nous venons de voir, vous sentiriez déjà la différence. D'ailleurs, c'est une bonne idée de commencer par un morceau puis d'ajouter les autres : il vaut mieux procéder comme ça plutôt que ne rien faire du tout sous prétexte que vous ne trouvez pas les tenues « parfaites » du premier coup.

C'est évidemment quand les trois critères (couleur, matière et forme) sont réunis que vous rayonnez vraiment. Et quand je parle de rayonner, il ne s'agit pas simplement « d'être belle ». Quand vous rayonnez, vous sentez que votre énergie naturelle a la place de s'exprimer, elle n'est pas entravée ou parasitée par ce qui vous encombre habituellement. Vous êtes vous-même jusqu'au bout des chaussures, dans toute votre splendeur. Ça se sent et ça se voit.

Alors maintenant que vous savez comment faire, je vous invite à porter ce qui vous convient sur les trois plans, à votre rythme. J'ai une cliente qui a décidé de ne plus acheter un vêtement qui ne réunirait pas au moins deux critères sur les trois. Chacun sa façon de faire : trouvez la vôtre.

On me dit parfois : « mais ça doit être hyper dur de trouver des vêtements qui correspondent, du coup, non ? » Oui, c'est dur. Mais ça n'est vraiment pas une raison pour abandonner ou baisser ses exigences ! Si on devait arrêter quelque chose « parce que c'est difficile », on n'irait pas très loin. En tout cas, ce n'est pas un argument recevable pour moi : je ne peux pas renier mon ressenti et mes perceptions extrêmement précises et subtiles et m'asseoir dessus simplement « parce que c'est difficile » de trouver ce que je cherche.

Le fait d'aborder la question du vêtement autrement implique de se procurer ses vêtements autrement. On ne peut pas changer sa vision et s'attendre à ce que le reste ne change pas. Il faut donc apprendre à chercher ses vêtements ailleurs, autrement.

Voici différentes pistes à explorer pour vous :

1. aller dans des boutiques dans lesquelles vous n'allez jamais d'habitude.

2. chercher sur des sites Internet et des boutiques en ligne.

3. trouver une couturière ou un atelier qui peut créer des vêtements sur-mesure ou reproduire des modèles que vous leur apportez.

4. apprendre à coudre et vous faire des vêtements vous-même.

5. faire des échanges de vêtements.

6. acheter des vêtements que vous transformez, teignez, customisez.

7. faire les boutiques lorsque vous êtes en voyage, pour dénicher des choses que vous ne pourriez pas trouver près de chez vous.

Aujourd'hui, j'achète très peu de vêtements dans des boutiques « de rue ». Une partie de ma garde-robe vient de boutiques en ligne, une autre partie vient d'un atelier qui me fabrique des leggings sur-mesure à partir d'un même modèle et, enfin, j'ai quelques vêtements semi sur-mesure : le modèle existe mais je l'ai fait faire dans le coloris de mon choix et j'ai demandé des ajustements mineurs. Je visite souvent les boutiques des endroits où je voyage, également, pour voir si je ne peux pas trouver un élément qui correspond à mon profil...

À vous de jouer maintenant !

LE PROFIL DE CHRISTINE : PRINTEMPS | AIR | LOSANGE

LE PROFIL DE LAURA : PRINTEMPS | EAU | CERCLE

LE PROFIL D'ARLETTE : AUTOMNE | TERRE | LOSANGE

LE PROFIL DE LOU : AUTOMNE | EAU | LOSANGE

LE PROFIL DE MARION : AUTOMNE | TERRE | LIGNE

LE PROFIL DE KARINE : AUTOMNE | FEU | LIGNE

LE PROFIL DE NADÈGE : AUTOMNE | EAU | LIGNE

LE PROFIL DE CLAIRE : ÉTÉ | FEU | LIGNE

LE PROFIL DE CÉCILE : ÉTÉ | EAU | CERCLE

LE PROFIL DE JULIE : HIVER | EAU | LIGNE

LE PROFIL D'EVA : HIVER | EAU | LOSANGE

L'énergie du vêtement et la vôtre doivent être compatibles

Vous êtes inclassable

Vous vous souvenez de la tenue que j'avais choisi de porter, un été ? Mon pantalon ample gris rosé et mon débardeur framboise ? Cette tenue-là n'avait aucun style : ce n'est pas une tenue que l'on peut identifier comme appartenant à un courant : baba cool, romantique, gothique, rétro, chic, minimaliste, classique, roots... on ne peut pas l'étiqueter.

Et c'est une des caractéristiques des tenues qui vous vont réellement : on ne peut pas les classer ou les rapprocher d'une mode, d'une tendance ou d'un style, parce qu'elles s'en affranchissent.

Vos tenues idéales vous ressemblent à vous et ne vous font pas ressembler à quelque chose. C'est ce qui rend ma proposition délicate : vous devez accepter de lâcher les appartenances, les groupes et les identifications qui vous sécurisent et vous rassurent, pour apprendre à ne ressembler qu'à vous-même, à être vraie. Personne ne vous ressemble entièrement, vous ne pouvez donc pas devenir qui vous êtes et l'incarner, en prenant modèle à l'extérieur de vous-même.

Une chenille n'ira jamais copier ou essayer de ressembler à un papillon d'une autre espèce ! Le modèle que vous devez choisir est en vous : vous avez à l'intérieur de vous le plan pour devenir, petit à petit, le papillon que vous êtes. Quel sens cela aurait-il d'aller chercher à l'extérieur de vous et de copier la réponse sur ce que vous avez à exprimer ?

C'est parce qu'utiliser un style extérieur ou une réponse qui n'est pas la vôtre n'a aucun sens que vous sentez un décalage entre vous et vos vêtements. Une incohérence entre la personne que vous êtes — vos élans intérieurs, vos talents, vos projets, votre identité profonde — et la façon dont vous vous montrez au monde, c'est-à-dire votre apparence.

Votre apparence n'est pas superficielle. Vous n'avez pas à choisir entre l'intérieur et l'extérieur, la profondeur et la légèreté, le fond et la forme. Parce que ce sont les différents aspects d'une même chose : vous.

Vous êtes un esprit dans un corps, vous avez une identité qui s'est incarnée dans la forme d'un être humain. Ne niez pas cette réalité et voyez plutôt comment vous pouvez faire vivre ces différents plans ensemble !

À quoi ça sert ? Et bien, chaque plan soutient l'autre ! C'est parce que votre apparence est cohérente avec vous-même que vous pourrez avancer avec fluidité dans votre voie. Et c'est parce que vous saurez où vous allez, en vous appuyant sur votre intériorité, que vous vous reconnaîtrez dans le miroir.

Votre apparence est le reflet de la personne que vous êtes intérieurement. En acceptant cette réalité, et en soulignant vos atouts physiques, vous faites bien plus : d'abord, vous vous alignez sur qui vous êtes. Vous montrez que vous acceptez qui vous êtes et l'incarnez pleinement. Ensuite, que vous reconnaissez vos atouts intérieurs et les mettez en avant, comme si vous les énonciez au monde, pour que tout le monde sache. Parce qu'il faut que tout le monde sache qui vous êtes ! C'est important ! Si vous pensez le contraire, vous avez probablement raté un passage de ce livre : reprenez à la page 1.

Non pas pour que tout le monde sache que « vous voudriez être ceci », ou que « vous aimez cela ». Mais pour que tout le monde sache que fondamentalement, « vous êtes douée pour ça et ça ». Que votre nature profonde est d'agir de cette façon-là et que vous êtes ici pour contribuer à l'évolution du monde comme ça.

C'est une façon de mettre ses compétences à profit. C'est un don de soi, conscient. Vous savez qui vous êtes et qui vous n'êtes pas. Et au lieu de chercher à être qui vous n'êtes pas, au lieu de vous présenter au monde comme celle que vous n'êtes pas et de bafouiller, vous décidez d'éliminer tout ce qui ne vous correspond pas pour énoncer clairement qui vous êtes, ce que vous savez faire naturellement et avec joie, afin de trouver votre place dans le monde.

Vous êtes déjà une œuvre d'art

Lorsque vous choisissez un vêtement, à acheter ou à porter : qu'est-ce qui motive ce choix ?
C'est uniquement parce que le vêtement vous ressemble que vous devriez le prendre, le porter.

En le choisissant pour une autre raison, vous projetez tout un tas de trucs sur vous-même. Vous projetez vos envies, vos désirs, vos croyances, vos peurs, vos états émotionnels... Comme d'autres peuvent le faire.

Si vous avez déjà fait un peu de travail sur vous-même — de développement personnel comme on dit — vous avez probablement entendu que les projections peuvent créer des problèmes. Par exemple, projeter sa vision à long terme sur ses enfants : on les enferme dans quelque chose qu'ils n'ont pas demandé. Mieux vaut les laisser faire leurs choix, ils auront la vie qu'ils veulent. Projeter ses angoisses ou ses peurs sur les autres pose aussi problème, de même que projeter sa colère sur l'extérieur ou encore projeter ses fantasmes, etc.
Et bien, vous projetez vos histoires personnelles sur vous-même à longueur de journée. Vous imaginez ?! Vous vous mettez des bâtons dans les roues toute seule.

Les vêtements que vous choisissez pour vous devraient être dénués de toute projection. Choisir une matière de qualité, un vêtement confortable et bien réalisé est un signe de respect pour soi-même. Choisir un vêtement de marque pour la marque (qu'elle soit visible ou non), avec une inscription, même belle et positive, est une projection. C'est une injonction. À vivre quelque chose, à penser quelque chose, à ressentir quelque chose, à être reconnue ou tout simplement vue, comprise... Ce n'est pas neutre.

Un matin où j'étais chez le coiffeur, dans le salon il y avait une immense photo d'une femme avec une coiffure qui ressemblait à la tonsure d'un mouton. On ne la voyait pas elle, on voyait sa chevelure. C'était le but : montrer sa tignasse pour exprimer « je suis une rebelle, moi, vous avez vu ? »

Vous imaginez ce que cela signifie ? Que vous alliez chercher des vêtements, vous faire couper les cheveux, acheter des lunettes, ou quoi que ce soit, vous êtes face à un choix : écouter la voix de votre ego qui veut ressembler à ci et ça et par contre surtout pas à ça ! Ou écouter votre petite voix qui, elle, sait qui vous êtes et ne cherche pas à prouver quoi que ce soit.

À chaque moment, vous avez le choix. Et rares sont les lieux où l'on vous aide à écouter votre petite voix.

Chez le coiffeur, il y a les grandes affiches de coiffures toutes plus extravagantes les unes que les autres (et surtout impossibles à vivre). Dans les boutiques de vêtements, il y a la musique, l'ambiance et la décoration, le marketing qui nous vend des histoires, les vendeuses qui nous vendent des fringues juste «parce que ça se fait beaucoup cette saison».

Vous avez tendance à utiliser le vêtement comme support pour raconter quelque chose. Vous allez chercher des styles, des motifs, des couleurs et des imprimés pour dire quelque chose.

Mais souvent, vous finissez frustrée et mécontente de ce que vous exprimez, de ce que les autres perçoivent de vous. Vous n'êtes pas satisfaite par le mélange «moi + mes fringues», qui n'est pas aussi réussi que vous l'espériez. Ou bien encore, vous vous épuisez à maintenir le niveau d'énergie nécessaire pour pouvoir soutenir et porter cette personnalité que vous créez «vestimentairement» chaque matin.

La plupart du temps, vous ne remettez pas en cause vos vêtements, vous vous remettez en cause vous-même, votre état de santé, votre niveau d'énergie, votre corps que vous trouvez trop gros, trop vieux, trop maigre, trop mou, trop large… vous voyez.

Mais si vous êtes frustrée par votre image, par ce que vous renvoyez, ce n'est pas à cause de votre corps ou de vous-même, c'est à cause de vos choix vestimentaires. Vous faites des choix vestimentaires inadaptés qui pèsent sur vous, qui vous encombrent et vous enferment dans des catégories qui ne vous correspondent pas.

Cette façon de choisir vos vêtements est parfaitement inadaptée. Pourquoi? Parce qu'elle part du principe que vous êtes neutre, que votre corps est neutre au départ et que finalement tout est possible, que vous pouvez créer une image à loisir, faire ce que vous voulez.

Ce n'est pas moi qui ai décidé que c'était faux, je l'ai simplement constaté : vous n'êtes pas une toile vierge sur laquelle on peut créer ce qu'on veut. Vous êtes déjà une œuvre d'art. Vous avez déjà une harmonie colorée, des formes, un mouvement. Vous êtes une œuvre d'art finie, à part entière.

Et vos vêtements, s'ils ne sont là que pour vous protéger, doivent respecter l'œuvre que vous êtes. Ils doivent en tenir compte. Vos vêtements ne sont pas l'œuvre d'art ; l'œuvre d'art, c'est vous. Vos vêtements ne sont que l'encadrement. Vous avez à choisir des matières, des couleurs et des formes qui sont en harmonie avec l'œuvre que vous êtes, pour accompagner et révéler l'œuvre.

Au final, vous n'avez pas à choisir quoi que ce soit. Ou plutôt si : vous avez à choisir de suivre ce que la nature a créé. Choisir ce qui est là, l'accepter et suivre les indications. Vous n'avez pas à décider de votre image, à opter pour tel ou tel style, etc. Le seul choix réel que vous avez à faire est le suivant : est-ce que je porte des vêtements qui racontent des histoires ou est-ce que je choisis de me porter, moi ?

Laisser toutes mes histoires de côté et me porter moi, seulement. Affirmer ce que je suis profondément, débarrassée de ce que je crois être, de ce que j'aimerais être, de ce que je dois être aux yeux des autres, de ce que j'ai peur d'être... Juste être moi, le porter, le montrer. Pour le vivre entièrement.

Écoutez votre corps et vous constaterez qu'il rejette tout le reste

On me pose souvent cette question :
« Oui, mais est-ce que je peux quand même porter ces couleurs-là, même si elles ne sont pas dans ma palette, si par exemple j'ai besoin de plus de [insérez ce que vous voulez ici] dans ma vie ? »

La réponse est simple : non. Enfin si, en fait vous pouvez, parce que vous faites ce que vous voulez et que je ne suis pas la police de la fringue (haha, vous imaginez un peu ?!). Mais fondamentalement, ce n'est pas une bonne idée de mettre quelque chose d'autre que votre profil vestimentaire et voilà pourquoi.

Vos vêtements sont le prolongement de qui vous êtes, ils sont votre seconde peau. Considérez-les comme une greffe. Et lorsqu'on réalise une greffe, le truc le plus important, c'est quoi ? C'est la compatibilité. On s'assure que l'organe qui va être greffé est compatible. Il faut que les échanges physiologiques soient les plus fluides et les plus faciles possibles.

«Bon, je vois que vous êtes du groupe O, vous manquez de sang AB, alors on va vous en transfuser un peu, histoire d'équilibrer tout ça.»

Vous imaginez?! Lorsque vous faites entrer dans votre corps un élément étranger, votre corps dépense de l'énergie pour réagir. Il le rejette, il essaie de le canaliser, de l'expulser. Toute cette énergie n'est pas disponible pour le reste de son fonctionnement : ses fonctions vitales, son développement, sa régénération, etc.

Avec vos vêtements, c'est la même chose. Votre vêtement vous enveloppe et est en permanence dans le champ énergétique de votre corps. S'il n'est pas compatible avec vous, vous luttez et perdez de l'énergie à essayer de dépasser cette incompatibilité.

Et ça, je suis persuadée que vous l'avez déjà expérimenté.

Vos vêtements ne sont pas là pour vous apporter plus de [insérez ce que vous voulez ici] dans votre vie. Ils sont là pour protéger votre corps et soutenir ce que vous êtes. Pas ce que vous n'êtes pas. Ne gaspillez pas votre énergie. Portez ce qui est compatible — et c'est tout.

Vous êtes bien plus que ce qui vous traverse

Quand j'explique mon métier, les gens me disent parfois qu'ils comprennent très bien, après quelques minutes :

« Il faut s'habiller en fonction de son humeur et de ce qu'on ressent ! Chaque jour, ça change. »

Ha ! Non. Parce que le problème avec ça, c'est que :

1. si, chaque jour, vous devez vous acheter de nouveaux vêtements pour refaire votre garde-robe, ça risque d'être compliqué !

2. si vous pensez avoir dans votre garde-robe suffisamment de variété pour chaque humeur ou état d'âme différent, vous vous restreignez forcément, car ceux-ci sont bien plus vastes !

3. changez-vous de tenue à chaque changement d'humeur ? Vraiment ? Alors vous devez vous changer au moins 25 fois par jour, au bas mot !

4. votre humeur et ce que vous ressentez, ce n'est pas vous : c'est quelque chose qui vous traverse à un moment donné. S'habiller en fonction de son humeur, c'est s'accrocher à quelque chose qui est éphémère par nature, c'est le cristalliser au lieu de le laisser passer.

Vos vêtements sont en contact direct avec votre corps pendant plus de 10 h par jour. Les vêtements que vous portez sont à l'intérieur de votre champ énergétique. Si vous ne voulez pas impacter négativement votre énergie, vous devez les choisir soigneusement.

Pour que vos vêtements soutiennent votre énergie, il faut qu'ils soient de la même nature. Votre énergie ne change pas tous les quatre matins : elle émane de votre essence profonde. Votre essence profonde est ce que vous êtes à chaque instant, au-delà de l'ego et de tout ce qui peut apparaître temporairement.

Trouver les vêtements qui soutiennent votre essence profonde est à faire une fois pour toute, après il n'y a plus qu'à porter ces vêtements avec plaisir. Comme ils vous correspondent profondément, vous êtes au maximum de l'aisance et du confort, dedans.

Vous vous posez la question du manque de variété, de la monotonie, de l'ennui ? Alors, voici une petite histoire.

Un week-end, comme souvent, je portais une tenue rose de la tête aux pieds : débardeur framboise, gilet fuchsia, leggings fuchsia, chaussettes assorties et chaussures aussi :)

Pendant un petit moment, j'ai regardé mes pieds et constaté que mes chaussures étaient abîmées et ça m'ennuyait : «oh nan, je les aurais bien portées encore 10 ans, elles, voire plus...» et j'ai réalisé que cette tenue surprenante, qui probablement interroge plus d'une personne dans la rue, me convient tellement, que je suis prête à la porter tous les jours, sans problème.

Quand on change de style et d'envie tout le temps, n'est-ce pas le signe que l'on cherche, mais qu'on n'a toujours pas trouvé ? Ce n'est pas grave, remarquez, de ne pas avoir trouvé. Mais on peut éprouver une certaine frustration ! Je suis sûre que vous la connaissez.

Moi, j'ai trouvé. Pas le Graal, non, mais j'ai trouvé l'endroit en moi où je dois écouter si je veux me respecter. Depuis cet endroit, ce que j'entends, c'est que je n'ai pas besoin de variété, de changement, de nouveauté, de beaucoup, de différent... J'ai juste besoin de justesse. Comme vous.

On peut se lasser de la variété, on ne se lasse jamais de la justesse.

Ce livre vous donne les clés pour accéder à cet espace intérieur où, vous aussi, vous pourrez écouter et enfin entendre ce qui est juste pour vous. Servez-vous-en !

Trouver les vêtements qui soutiennent votre essence profonde est à faire une fois pour toute, après il n'y a plus qu'à porter ces vêtements avec plaisir. Comme ils vous correspondent profondément, vous êtes au maximum de l'aisance et du confort, dedans.

Vous vous posez la question du manque de variété, de la monotonie, de l'ennui ? Alors, voici une petite histoire.

Un week-end, comme souvent, je portais une tenue rose de la tête aux pieds : débardeur framboise, gilet fuchsia, leggings fuchsia, chaussettes assorties et chaussures aussi :)

Pendant un petit moment, j'ai regardé mes pieds et constaté que mes chaussures étaient abîmées et ça m'ennuyait : «oh nan, je les aurais bien portées encore 10 ans, elles, voire plus...» et j'ai réalisé que cette tenue surprenante, qui probablement interroge plus d'une personne dans la rue, me convient tellement, que je suis prête à la porter tous les jours, sans problème.

Quand on change de style et d'envie tout le temps, n'est-ce pas le signe que l'on cherche, mais qu'on n'a toujours pas trouvé ? Ce n'est pas grave, remarquez, de ne pas avoir trouvé. Mais on peut éprouver une certaine frustration ! Je suis sûre que vous la connaissez.

Moi, j'ai trouvé. Pas le Graal, non, mais j'ai trouvé l'endroit en moi où je dois écouter si je veux me respecter. Depuis cet endroit, ce que j'entends, c'est que je n'ai pas besoin de variété, de changement, de nouveauté, de beaucoup, de différent... J'ai juste besoin de justesse. Comme vous.

On peut se lasser de la variété, on ne se lasse jamais de la justesse.

Ce livre vous donne les clés pour accéder à cet espace intérieur où, vous aussi, vous pourrez écouter et enfin entendre ce qui est juste pour vous. Servez-vous-en !

Le monde
n'attend que vous

Vous êtes plus que ce que vous êtes

Je vous ai déjà raconté comment j'ai découvert mes couleurs. C'est une histoire amusante, parce que... je n'ai rien vu — ou presque — pendant le test de couleurs qu'on m'a fait ! Et puis... j'ai mis cinq ans avant de porter mes couleurs. Et en plus, quand je voulais les porter, je ne choisissais pas les bonnes. Je le dis souvent à mes clientes, pour les déculpabiliser, quand elles se jugent trop lentes ou nulles, pour repérer leurs couleurs. Ah, c'est sûr, ça décomplexe !

C'est donc lors d'un stage sur les couleurs que j'ai découvert quelles étaient les miennes. Ce stage était proposé par un couple de psychothérapeutes, je m'y étais inscrite avec ma mère mais aussi avec frénésie, sans savoir ce qui m'attendait.

Nous avons découvert pendant ce stage le concept des quatre saisons et leur profil symbolique particulier. J'ai donc découvert ma saison et mon fonctionnement psychologique.

J'ai adoré ce stage. Mais il a créé un sentiment de frustration très diffus... et très présent. Pourquoi j'en suis repartie frustrée, sans le savoir ? Parce que nous sommes tous entrés dans une boîte ce jour-là. Et nous avons parfois fait des efforts pour y entrer.

Effectivement, il n'y avait que quatre types. Et on était forcément un de ces quatre types. Sauf que moi, je trouvais que mon type me correspondait, mais qu'il était aussi un peu gnangnan, gentillet. Je ne me retrouvais pas à 100% dedans.

Et ce que j'ai découvert par la suite, en faisant des recherches et des expériences, en collaboration avec la psychothérapeute qui m'avait testée, c'est que ces quatre types correspondent à une partie seulement de notre personnalité. Un plan humain. Ce n'est pas représentatif de l'ensemble, c'est juste une facette de notre personnalité.

Le jour où j'ai découvert les autres facettes de ma personnalité, en voyant se dessiner mon profil « Méta » sous mes yeux, ça été une vraie libération, une reconnaissance profonde de qui je suis. La joie en personne, qui vient frapper à la porte !

Mon profil est bien plus complexe qu'un type parmi quatre. Avec la Métamorphose®, quand on va jusqu'au bout du processus — le processus global va encore plus loin que tout ce qui est exposé ici mais j'ai choisi de ne pas le partager par souci de clarté — on compte aujourd'hui 576 profils. Oui, 576. Chacun de ces profils inclut une palette de couleurs spécifique et précise à l'intérieur d'une saison, mais aussi des informations d'une précision redoutable sur les matières et les formes de vêtements et d'accessoires qui nous vont. Et puis… il y a toute la partie de connaissance de soi, psychologique et émotionnelle, au moins aussi précise.

Alors, vous comprendrez que lorsqu'une de mes clientes m'a parlé d'une méthode de relooking complet (couleurs, matières, formes, etc.) américaine basée sur quatre uniques types, j'ai ri ! J'ai ri jaune. Parce que je suis touchée quand je vois des femmes mal conseillées. Je suis touchée quand je vois qu'elles sont mieux sur la photo avant que sur la photo après. Je suis touchée de voir des gens faire des efforts pour entrer dans des boîtes.

Les profils de la Métamorphose® sont aussi des boîtes, d'une certaine manière. Mais sur 576, vous avez plus de chances d'en trouver une qui vous convient ! Je ne prétends pas définir l'indéfinissable en chacun de nous, c'est impossible — et tant mieux. Mais si je peux vous aider à trouver ce qui vous correspond le mieux, alors je veux le faire avec toute la précision et la subtilité qui me caractérisent.

Vous n'êtes pas un type, vous n'êtes pas un numéro. Vous êtes bien plus que ce que vous êtes — et voici une autre histoire à ce sujet.

En 2016, j'ai participé à un événement dédié au développement personnel, où j'ai donné une conférence. Beaucoup de personnes sont venues me voir après, pour me poser des questions, dont une femme, qui m'a dit : « Mais avec l'exercice que vous nous avez fait faire, là, de ressentir le confort ou l'inconfort dans nos vêtements, on va tous finir en jogging, non ? »

Ça m'a fait rire, parce que j'ai imaginé une armée de gens dans la rue, tous en jogging mou et informe.
Et puis je lui ai dit que je ne le pensais pas ; et je vais vous dire ce que je lui ai dit.

Nous sommes toutes et tous très différents. C'est un truc que tout le monde sait, que tout le monde dit, c'est connu. Quand j'étais jeune déjà, je l'entendais, cette notion.

Le problème et ce qui fait que nous en venons à penser comme cette femme, c'est que cette notion est parfaitement abstraite. Il est DIT que nous sommes différents et que c'est une richesse, mais il n'est pas AGI de la sorte.

Dans mon parcours éducatif (ça fait très sérieux de dire ça, dites donc !), j'ai beaucoup entendu tout ça, mais n'empêche qu'on est quand même notés sur une échelle de 0 à 20, soit une échelle verticale, qui ne permet pas d'évaluer des compétences multiples (les qualités) mais le niveau (la quantité).

Ce n'est pas nos différences qui sont mises en valeur, mais nos capacités à faire comme un modèle unique et jusqu'à quel degré. Cherchez l'erreur !

Entre discours et réalité, on peut dire qu'il y a un gouffre. Et ce n'est qu'un exemple...

Dans ce contexte, on intègre que les différences existent, mentalement, mais on ne les perçoit pas, on ne les comprend pas avec le corps. Ce qui soit dit en passant crée une distorsion intérieure qui peut facilement faire péter les plombs aux plus sensibles. Si c'est votre cas, levez la main ! Je lève la main. Et on finit par croire que les autres sont comme nous, pensent comme nous et ressentent comme nous. C'est ce que j'ai cru pendant très longtemps ; et c'est ce qui provoque souvent des problèmes relationnels, pour commencer.

Or, nous sommes différents ! Et pour de vrai ! Nous ressentons des choses différentes, très différentes. Et j'en suis joyeusement choquée à chaque fois que je fais le test des matières avec mes clients.

Certaines personnes, comme moi, se sentent bien dans les matières de vêtements souples, élastiques, qui coulent et qui épousent les formes (les matières Eau). Et peuvent se sentir super mal dans les matières qui se tiennent, structurées (les matières Feu). Moi, j'ai du mal à respirer dedans, je me sens paralysée, j'ai l'impression d'être habillée d'une toile de tente. Mais ce n'est qu'un ressenti, qui m'appartient, en aucun cas un jugement : c'est simplement une indication que mon corps me donne pour que je comprenne ce qui me convient.

À l'inverse, des personnes se sentent extrêmement à l'aise dans les matières structurées, plutôt légères, qui leur apportent le maintien et la présence dont elles ont besoin. Je me souviendrai toujours d'un client qui, lorsque je lui ai mis le tissu Eau sur les épaules, s'est penché en avant d'inconfort, s'est crispé et m'a dit «ah, mais enlève-moi ça ! c'est froid, j'ai l'impression que tu m'as mis une méduse gluante sur le dos !!»

Donc vous voyez, non, nous ne finirons pas tous en jogging.

Tout est dans le regard

Nous sommes tous pareils : quel que soit notre niveau social, quelle que soit notre culture, nous nous en tenons la plupart du temps aux codes vestimentaires en vigueur.

Soit nous y adhérons, soit nous nous rebellons. Mais chose intéressante, les rebelles vestimentaires finissent souvent par créer une tendance qui sera suivie et qui deviendra donc... un nouveau code vestimentaire.

Vous voyez où on va ? On tourne en rond. On tourne en rond autour de soi-même, par peur d'y entrer. Ou plutôt, par peur de faire sortir de nous-même une expression juste et vraie.

Je suis certaine que vous vous êtes souvent dit « ah non, là ils vont vraiment me prendre pour une [insérez ce que vous voulez ici] » avant de vous déshabiller et d'enfiler une tenue plus « passe-partout », plus acceptable par tout le monde, plus... fade, probablement.

Pourquoi ? Parce que le regard des autres. Parce que le « qu'en dira-t-on ». Parce que « oh nan, je peux pas me permettre ». Parce que « oh ben non, quand même pas... »

Mais vous savez quoi, les gens se foutent de ce que vous portez. Oui, ils s'en foutent éperdument et vous savez pourquoi ? Parce qu'ils sont occupés à réfléchir à ce que EUX-MÊMES portent. Comme vous. Ils sont perdus, eux aussi. Ils se demandent. Ils hésitent. Ils se forcent à porter certaines choses. Ils se questionnent. Ils sont dans le flou. Alors, ils projettent leurs peurs, leurs hésitations... sur vous, et sur les autres.

Lorsqu'une personne vous regarde de travers, ce n'est pas vous qui avez un problème. C'est elle, qui a un problème avec vous. C'est très différent.

« La façade d'une maison n'appartient pas à celui qui la possède, mais à celui qui la regarde. » (Proverbe chinois)
Ne vous laissez pas parasiter par ce que vous voyez dans l'œil de l'autre : ça lui appartient, à lui.
Ce qui vous appartient, à vous, c'est de ne pas mettre votre personnalité au placard !

Être soi,
c'est choisir la vérité

Maintenant, je vais tout de suite vous mettre à l'aise. Je porte régulièrement des guenilles. J'ai parfois des éclairs de pensées qui me traversent : « Mais comment ?! Flora, toi qui parles du vêtement idéal, de l'importance d'être cohérente dehors et dedans, de l'apparence, tout ça... ! »

Eh bah oui, moi. J'ai un gilet qui a un trou énorme au coude, et mon frère — qui n'est pas le dernier à porter des vêtements troués et tachés, il est jardinier et passe son temps dehors — me l'a bien fait remarquer il y a peu de temps. Ce gilet a en plus subi un nettoyage un peu violent récemment. Je pense qu'on peut dire qu'il est défoncé. Et bien, je le mets presque tous les jours.

Pourquoi ? Parce que sa couleur est une de celles dans lesquelles je me sens le mieux. Parce que sa matière est douce, chaude, c'est la seule dans laquelle je me sens bien l'hiver. Parce qu'il a une coupe suffisamment longue et que je peux m'envelopper dedans. Bref, parce que je suis vraiment bien dedans.
Je ne compte pas porter des guenilles indéfiniment, non. Mais il se trouve que mon planning ne me permet pas, pour le moment, de m'occuper de rafraîchir ma garde-robe.

Je suis devenue très exigeante et je sais où je vais trouver mes prochains vêtements et ma prochaine paire de chaussures, mais en attendant, je porte des chaussures dont la teinture s'écaille, un gilet troué, et des collants troués aussi — je ne vous dirai pas où, haha !

En fait, il y a deux choses essentielles à savoir, en matière de vêtements :

1. Si vous n'êtes pas bien dans ce que vous portez, comment être bien dans votre vie ? Parfois, on est mieux dans quelque chose qui ne paie pas de mine, que dans un vêtement qui en jette. Et si on est mieux dedans, c'est un bon début. Cela ne veut pas dire qu'il faut en rester là, mais c'est le point de départ pour se poser les bonnes questions :
• qu'est-ce que je préfère dans ce vêtement, que je ne trouve pas dans les autres ?
• quelle(s) sensation(s) m'apporte ce vêtement, que je ne trouve pas ailleurs ?
• que me permet ce vêtement ?
• si je devais faire refaire un vêtement similaire, quels critères je conserverais ?

Un vêtement qui est beau, tout neuf, à la mode ou que sais-je, mais dans lequel vous n'êtes pas bien, ne vous apporte pas grand-chose : d'abord il vous dé(con)centre, parce qu'il vous gêne d'une manière ou d'une autre, ensuite il ne vous donne pas d'information sur ce qui est bon pour vous.

2. Plus on avance dans sa recherche vestimentaire, moins on a de « choix ». On en a parlé un peu plus tôt... En fait, c'est faux. Ce n'est pas qu'on a moins de choix, c'est qu'on est de plus en plus exigeante, de plus en plus sélective. Ce qui apparaissait comme des choix possibles, avant, ne sont désormais plus des options. Ce sont des éléments que l'on a écartés.

Notre perception, qui s'affine chaque jour un peu plus, nous fait comprendre que tout ça, ce n'était pas fait pour nous. Cela a toujours été comme ça, mais avant, on ne le sentait pas. On ne le percevait pas.

Et quand on est sélective, on met plus de temps à trouver, à créer ou à faire faire les vêtements qui nous vont. Mais on apprend à patienter, parce que la joie ressentie dans les bons vêtements, ça vaut le coût de l'attendre. Le plaisir vécu par le corps et l'esprit réunis, dans une tenue idéale, c'est un plaisir qui dure. Un plaisir renouvelable, qui se construit patiemment.

Alors oui, je porte des guenilles en ce moment. En attendant. Ce sont les vêtements dans lesquels je suis à l'aise, pleine d'énergie, donc présente et opérationnelle.

Symboliquement, c'est raccord avec la sensation que j'ai, quand je porte ces guenilles, de ne plus être tout à fait en phase avec la Flora d'avant, mais de ne pas encore être à la Flora d'après... Vous savez, le bernard-l'ermite qui doit changer de coquille parce qu'elle devient trop petite ? Eh bien, le trou dans le gilet, dans les collants, les chaussures qui s'écaillent... on y est.

Vous et le « vieux » monde

Récemment, on m'a posé plusieurs fois la question : « que porter pour un entretien d'embauche ? Des vêtements confortables ou quelque chose de plus « présentable ? »

Cette question anodine en cache une autre, bien plus intéressante : que voulez-vous faire de votre vie ? Parce que ce que vous décidez de porter à un entretien d'embauche, de même que le job pour lequel vous postulez, parlent de ça : ce que vous voulez faire de votre vie. Donc tout dépend de votre objectif :

• obtenir un job temporaire, pour lequel vous allez devoir entrer dans le moule — il n'y a pas de problème avec ça, il faut juste être au clair là-dessus.

• trouver un job dans lequel vous pourrez vous épanouir.

Partons du principe que vous ne chercherez jamais de job permanent pour lequel il faudrait entrer dans le moule, d'accord ?

DANS LE PREMIER CAS : UN JOB TEMPORAIRE

Si vous avez les compétences pour faire le travail, mais que votre apparence « au naturel » pourrait vous empêcher d'être retenue, alors habillez-vous comme il est convenu de le faire. J'appelle ça « faire le pingouin » — bonjour à mes amis les pingouins ! Encore une fois, il n'y a pas de problème avec ça, il faut simplement être consciente des enjeux et assumer son choix.

Ce qui est important dans l'histoire, c'est de savoir pourquoi on se déguise, pour quelles raisons et dans quel but. Et être vigilante pour ne pas se laisser happer par les habitudes et enterrer le naturel définitivement, au profit de l'uniforme gris-noir, très en vogue actuellement en Occident.

DANS LE SECOND CAS : UN JOB ÉPANOUISSANT

C'est en portant ce dans quoi vous êtes le mieux que cela fonctionnera. Pour vous épanouir, vous avez besoin d'être vous-même et vous ne pourrez pas être vous-même si, dès le départ, vous présentez une image fausse ou décalée à votre employeur.

Votre employeur a une sensibilité, une intuition, des attirances. Et en étant vous-même — y compris dans vos vêtements — vous vous donnez la possibilité, à tous les deux, de vérifier que vous êtes bien compatibles. Que vous pouvez faire du bon travail ensemble. Et c'est de là que viendra l'épanouissement.

Évidemment, la tenue ne dit pas tout. Mais lorsque la tenue est en adéquation avec la personne, le message véhiculé est tellement limpide qu'il est facile de ressentir si ça peut marcher ou non. Le canal de communication est clair et n'est pas parasité par les projections vestimentaires habituelles.

Une autre question revient systématiquement, alors parlons-en : vos cheveux !

Est-ce que vos cheveux vous conviennent tels qu'ils sont ? Si oui, alors fermez ce livre et sortez contempler des fleurs — ou toute autre chose qui soit aussi satisfaisante.

Si vos cheveux ne vous conviennent pas, et notamment à cause de leur couleur, vous avez probablement envie de les teindre. Voire, vous le faites déjà. Est-ce que c'est un problème ? Non.

Est-ce que vous en avez besoin ? Non.

Si vous avez envie de vous teindre les cheveux, c'est que leur couleur ne vous plaît pas. Vous la trouvez trop foncée, alors vous faites des mèches ou vous les décolorez. Vous la trouvez trop claire, alors vous la «corsez un peu». Mais surtout... vous avez des cheveux gris et vous ne voulez pas les voir, vous trouvez que ça fait vieille.

Moi, ce que j'en dis, c'est que je trouve une femme toujours plus belle au naturel. Au naturel ne veut pas dire négligée. Mais la couleur naturelle des cheveux est toujours plus belle justement parce qu'elle est naturelle !

Un jour, dans le métro parisien, j'ai observé toutes les femmes : jeunes, moins jeunes, âgées... toutes avaient les cheveux colorés. Pas une femme ne portait sa couleur naturelle. Le résultat ? Pas terrible. L'impression qui se dégageait de chacune d'elles était embrouillée, pas nette. Leurs cheveux ne leur allaient pas !

Et je ne parle pas de problème de palette, du type : une personne de carnation argentée (couleurs froides) qui se teindrait les cheveux en doré (couleurs chaudes). Même les femmes teintes dans les bonnes couleurs donnaient cette impression.

L'exception, c'est quand la coloration est très très proche de la couleur d'origine des cheveux et, quand elle a été faite il y a juste 10 jours (le trop plein est parti et on ne voit pas de racines). Sauf qu'on ne peut pas en être au stade des 10 jours tous les jours !

La nature a bien fait les choses et la couleur de vos cheveux, si vous vous observez attentivement et honnêtement, est la couleur la plus en adéquation avec qui vous êtes. Elle est PARFAITE pour vous.
Donc mes questions :
• Que cachez-vous, en colorant vos cheveux ?
• Que cachez-vous vraiment ?
• De quoi est-ce que vous cherchez à changer la couleur, dans votre vie ?
• Que voulez-vous masquer, recouvrir, changer ?

Parce que soyons claires : vous colorer les cheveux ne va pas faire venir le mec idéal ou mettre du piment dans votre vie routinière ou vous aider à réaliser vos rêves. Cela va juste modifier temporairement la couleur de votre scalp.

Pour mettre de la couleur dans votre vie, il faut agir directement là où c'est nécessaire. Sortez de l'illusion !

Pour se plaire, il faut déplaire

Si vous êtes arrivée jusqu'ici, c'est que vous avez envie, profondément, d'être vous-même ! Vous voulez vous ressembler. Trouver votre place et vous y enraciner. Être vous, agir en tant que vous et vous libérer de tout ce qui vous empêche d'avancer.

Vous essayez chaque jour de mieux vous comprendre, de mieux vous cerner. De vous accepter, de vous aimer un peu plus. Vous essayez de trouver qui vous êtes, pour mieux être vous.

Alors, j'ai une bonne et une mauvaise nouvelle pour vous. Je commence par la mauvaise ? Plus vous serez vous-même, plus vous allez déplaire. Oui, déplaire. Une personne qui est vraie avec elle-même et qui s'affirme ne plaît pas aux personnes qui n'osent pas, qui ont peur de faire la même chose, ou bien qui ne tolèrent pas que l'on puisse être soi-même et prendre sa place, quand eux s'évertuent depuis des années à renier leur nature.

Qu'il s'agisse de vos choix professionnels importants, des petites décisions du quotidien ou de votre façon de vous habiller, plus vous serez vous-même et plus vous ferez des vagues. Parce qu'en étant vous-même, que vous le vouliez ou non, vous posez la question aux autres « et toi, tu es qui ? et tu en es où dans la manifestation de toi-même ? »

Les personnes qui ont envie d'avancer viendront vers vous, les autres vous reprocheront d'être ce que vous êtes.

Pour être vous-même, il va falloir accepter que, peut-être, vous allez déplaire. Il va vous falloir lâcher l'envie (le besoin ?) de plaire à tout le monde, de satisfaire tout le monde. C'est impossible. La seule personne à qui vous devez chercher à plaire, c'est vous-même — et attention, pas votre ego.

Maintenant, la bonne nouvelle : plus vous serez vous-même, plus vous allez déplaire en étant qui vous êtes et mieux vous allez vous sentir, moins vous prêterez attention à ce que disent, ou pensent les autres. Cela n'aura pas d'importance.

Parce que lorsque vous déplaisez, la seule information à retenir c'est « elle ne se sent pas à l'aise face à moi », ou bien « il a peur de ce que je représente pour lui ». C'est tout.

Plus vous serez vous-même et plus vous aurez l'énergie pour l'affirmer, sans crainte, ni revendication. Vous vous sentirez plus grande, plus forte et plus vaste et n'aurez plus besoin de l'approbation extérieure pour valider vos choix. Vous pourrez choisir de changer votre façon de travailler du tout au tout et de porter de l'orange et du bleu en même temps, sans vous sentir ni ridicule, ni folle, mais au contraire sensée, libre et remplie d'une puissance nouvelle.

Bonus ! Oui, il y a une deuxième bonne nouvelle : plus vous serez vous-même, plus vous rencontrerez des personnes qui vous correspondent profondément. Des personnes qui vous aiment vous et ce que vous êtes, des personnes qui vous comprennent. Des personnes qui vous soutiendront et vous encourageront à être encore plus vous-même, parce que quand vous êtes vous-même, vous leur faites du bien.

Êtes-vous prête à vivre votre vérité et prendre le risque de plaire ?

Beauté et minimalisme : ils sont indissociables

Vous l'avez compris, il y a beaucoup de choses que j'ai éliminées de ma garde-robe et de ma vie et je mesure aujourd'hui à quel point le fait de supprimer ce qui ne me convient pas est salvateur. Si nous sommes dans la confusion, dans la frustration et dans l'insatisfaction aujourd'hui, dans nos vies, ce n'est pas parce que nous n'avons pas assez. C'est parce que nous avons trop. Nous avons beaucoup, beaucoup d'options et nous ne savons pas dire non, nous ne savons pas éliminer ce qui ne nous correspond pas.

Alors nous accumulons un tas de choses insatisfaisantes, au cas où et toutes ces choses pèsent sur nous, sur notre énergie et sur notre capacité à nous focaliser sur ce qui importe vraiment.

Définir les quelques couleurs, matières et formes de vêtements qui sont faites pour moi m'a permis de faire une croix sur tout le reste. Quel soulagement ! Plus besoin de chercher COMMENT je vais pouvoir porter des talons sans être ridicule ou maladroite. Plus besoin, parce que ça ne me va pas. Plus besoin de chercher une veste qui ne soit pas trop rigide sur moi, qui ne me donne pas l'air sévère. Plus besoin, parce que toutes les vestes me donnent l'air sévère, elles ne sont simplement pas pour moi !

En faisant du tri dans ma garde-robe, un tri s'est fait dans ma vie, naturellement. J'ai laissé tomber tout ce qui n'était pas fait pour moi. Tout ce qui ne me correspondait pas.

Vous pouvez trouver que c'est extrême. De mon point de vue, c'est plutôt apaisant et soulageant ! Je ne me force plus à être ce que je ne suis pas, ce qui me laisse beaucoup plus d'énergie pour être ce que je suis et faire ce que je veux faire.

Pendant des vacances, un été, j'ai remarqué que j'avais porté environ... deux tenues. Un short court stretch, un débardeur de la même couleur, des sandales. Ou bien, un maillot de bain.

En vacances, c'est facile de mettre et remettre toujours les mêmes vêtements — ou en tout cas le même genre de choses. Ce que j'en retire, moi, c'est une grande sensation de liberté et de simplicité. Pas besoin de réfléchir. Alors, pourquoi ne pas fonctionner de la même manière toute l'année ? Pourquoi devrait-on changer régulièrement de tenue ou de style ? Pourquoi doit-on varier alors même que l'on peut identifier clairement que certaines choses (en fait, beaucoup de choses) ne nous vont pas ?

J'ai décidé d'arrêter le changement, justement. Je ne porte que quelques types de vêtements, dans une palette de couleurs très sélective et je constate que plus je restreins, mieux je me sens.

De nombreuses personnes ont fait le choix du minimalisme aujourd'hui, on parle par exemple de garde-robe « capsule ». Sans être experte sur le sujet, l'idée est d'avoir peu de vêtements, juste le nécessaire, des pièces de qualité versatiles — qui peuvent être mélangées entre elles et portées dans diverses circonstances.

C'est exactement ce que je fais, avec une composante supplémentaire : je choisis chaque élément du vêtement et ne me laisse pas imposer des couleurs soit-disant « neutres » ou des matières soit-disant « chic ». Chacun sa garde-robe capsule !

Le minimalisme, c'est le fait de ne garder que le minimum. Cela implique de faire les bons choix, au départ, pour ne plus avoir à en faire par la suite (ou en tout cas très peu). C'est le gros avantage qu'ont toutes les personnes qui sont passées par la Métamorphose® : elles ont des clés pour faire les bons choix.

Avez-vous déjà observé les plantes et leurs fleurs ? Les plantes fleurissent toujours de la même façon, à quelques exceptions près. Une plante, naturellement, ne produit pas une fleur d'orchidée une année, et une fleur de courgette l'année suivante.

Chaque plante a sa fleur, riche de centaines de couleurs subtiles, de formes et de textures particulières.
Et c'est parce que chaque plante est constante qu'il est possible de l'identifier. C'est ce qui va permettre aux insectes de la reconnaître, la polliniser, et ainsi... de la faire vivre.

Eh bien considérez votre tenue et vos vêtements comme votre fleur. Mais ce n'est pas vous qui choisissez votre fleur. Elle est déjà là. Vous avez à la reconnaître et à la laisser fleurir.

Non, nous n'avons pas 50 floraisons possibles. Nous n'avons pas 50 tenues idéales. Nous en avons quelques-unes seulement, qui sont des déclinaisons d'une tenue fondamentale. Je ne suis pas là pour vous dire que plein de choses vous vont et qu'on peut jouer avec la mode. C'est faux.

N'attendez pas que je vous rassure ou que je vous promette que vous pouvez vous réinventer chaque jour grâce à vos vêtements. Vous n'avez pas à vous inventer, vous êtes déjà quelqu'un.

Je suis là pour vous dire que peu de choses vous vont. Très peu. En revanche, ces choses qui vous vont... vous vont vraiment. Vous vont totalement. Elles vous vont, dans le sens où elles vous font aller, elles vous font avancer. Elles vous portent. Et si vous les laissez faire, elles peuvent vous emmener très loin et vous ouvrir à l'infini.

Parfois, certaines personnes me demandent pourquoi je m'habille d'une seule couleur. Ça fait peur. En fait, je pourrais en mettre deux, peut-être. Trois, pour moi, c'est déjà trop. Je mets peu voire pas d'accessoires, qui m'encombrent. J'ai besoin d'unité et de sobriété dans le nombre. Mais pas dans la teinte, par contre : j'ai besoin de couleurs fortes ! Alors, je porte du fuchsia de haut en bas. Ou du bleu cyan. Parfois du vert émeraude...

Ce style vous effraie ? Rassurez-vous : c'est le mien et il me comble. Le vôtre vous ressemble, à vous. Vous pensez peut-être que n'avoir que quelques tenues qui se ressemblent toutes est triste ou monotone ? Eh bien, lorsque ces tenues vous vont parfaitement, ce n'est pas le cas. Vous faites corps avec vos vêtements. À tel point que vous n'y pensez même plus, à ce que vous portez. Vous êtes bien, c'est tout.

Ce qui est triste, en revanche, c'est d'avoir 50 tenues différentes et pas une seule qui vous ressemble. C'est peut-être votre cas. Vous savez maintenant comment remédier à ça !

Il ne faut pas souffrir pour être belle, au contraire

Vous êtes probablement comme moi et comme beaucoup de femmes, vous avez envie d'exprimer votre féminité. De la révéler. D'être féminine. Mais... comment on fait ? Comment être féminine, tout en restant soi-même ? Est-ce qu'on peut être féminine tout en étant à l'aise dans ses fringues ? Est-ce qu'on peut être féminine sans se maquiller ? Est-ce que la simplicité et la féminité sont compatibles ? Et est-ce qu'on peut être féminine sans même vouloir être féminine ?

La réponse est oui. Parce qu'il y a mille façon d'être féminine. Vous êtes féminine quand vous êtes entièrement vous-même, dedans et dehors. Et si aujourd'hui ou parfois, vous avez l'impression de ne pas être féminine, c'est que vous vous êtes éloignée de vous, de votre nature. Je le sais, parce que je suis passée par là.

Quand j'étais étudiante, j'avais commencé à remplir un vieux cahier avec des photos de moi. Des photos où je me trouvais bien et des photos où je me trouvais bizarre, pas terrible ou... masculine. J'aimais beaucoup ce cahier, qui m'aidait à apprivoiser ou comprendre mon image. J'avais intitulé ce recueil « Apprendre à vivre avec son image — ou du ridicule qui ne tue pas, à ce qui paraît. »

Une de ces images représente vraiment ce côté masculin que je n'aimais pas chez moi. Mon problème était que je ne savais pas faire autrement. Je ne savais pas comment exprimer ma personnalité et ma féminité naturellement. Je sentais que j'avais de la force, quelque part en moi, donc j'étais portée vers les styles ou les vêtements qui à mon sens dégageaient quelque chose de fort.

Je ne connaissais pas ce secret : je suis féminine quand je suis proche de moi-même. Et pour me rapprocher de moi-même, je m'habille de moi-même.

S'habiller de soi-même, ça veut dire quoi ? Ça veut dire porter les vêtements qui sont en cohérence totale avec sa personnalité.

Ce que ça change ? Premièrement, quand on les porte, on se sent tellement bien et tellement soi, qu'on ne pense plus à « être féminine », ou « révéler sa féminité ». C'est une question qui ne se pose plus. Deuxièmement — même sans le vouloir... on est féminine.

Le fait de ne pas vous trouver féminine dans une tenue est donc un indicateur que ce que vous portez ne vous correspond pas. L'erreur serait de croire que le féminin vient de l'extérieur. Que c'est une attitude, la coupe de cheveux de Michelle Williams ou encore une jolie paire de chaussures à talons, qui va vous rendre plus féminine.

Apprenez à regarder votre corps, apprenez à regarder qui vous êtes et comment vous fonctionnez. Apprenez à respecter ce que votre corps demande, ce dans quoi il se sent vraiment bien. Et habillez-vous avec tout ça.

Enveloppez-vous dehors de ce qui fait votre force dedans. Parce que si vous êtes une femme, il vous suffit de montrer qui vous êtes, pour être féminine... Le féminin est déjà en vous.

S'aimer et aimer les autres : c'est possible, ça s'apprend

Apprendre à m'aimer et à m'accepter, cela a été et reste un travail subtil. Un travail subtil parce que globalement, je m'aime. Globalement, je m'accepte. Je suis contente d'être moi et je l'ai toujours été. En revanche, si dans l'ensemble je m'entends bien avec moi-même, j'ai souvent eu des moments de non-acceptation. Des moments de jugement violent, des moments où je me suis complètement laissé tomber. Des moments où je n'acceptais pas du tout mon identité et voulais profondément être quelqu'un autre. Changer.

Je n'ai pas appris à m'aimer et à m'accepter inconditionnellement en un jour et je suis toujours en chemin. Je suis convaincue que chaque personne, tant qu'elle est sur terre, doit encore apprendre à aimer une partie d'elle-même, quelle qu'en soit la taille.

J'ai appris à m'aimer petit à petit, en comprenant qui j'étais. Eh oui : comprendre qui on est et pourquoi on fonctionne comme ci ou comme ça, ça aide. Comprendre mes mécanismes m'a fait réaliser que mes façons d'agir, de réagir ou de penser n'étaient pas stupides, au contraire !

Ma façon d'être est portée par une logique et une intelligence qui me dépasse. C'est aussi valable pour vous : votre façon d'agir, de réagir et de penser sont sensibles et cohérentes. Le tout est de les comprendre.
Apprendre à me connaître, ça ne veut pas dire «je sais que je n'aime pas les champignons mais j'aime bien les épinards» ou bien «j'aime le rock et le jazz, par contre le zouk, non». Ça va plus loin que ça. À quoi ça ressemble, pour moi, de me connaître ?

Eh bien, par exemple, je sais aujourd'hui que je suis faite pour avancer seule. Je sais où je veux aller, ce que j'ai à faire et je n'aime pas partager la prise de décisions. Je peux donner ma vision à une équipe qui m'aide à avancer mais pas plus. Dans mes relations également, je suis entière : je suis en contact rapproché avec peu de personnes ; en revanche, je suis fidèle, intègre et très investie. Je n'entretiens aucune relation superficielle ou légère : ça ne m'intéresse pas. Pour résumer, je suis déterminée et sélective dans ma façon de travailler et d'être avec les autres.

En quoi ça change ma vie de le savoir ? Eh bien je ne me considère plus comme une asociale ou une « fille qui ne sait pas parler aux autres ». Je ne me juge plus, sur ce point en tout cas. Je me considère comme une personne très concentrée sur ses objectifs.

Et quand je parle aux autres, je ne me sens pas inculte, incapable ou ignare. Je me sens parfois très loin de leurs préoccupations, mais ça ne m'empêche pas de m'y intéresser et de les écouter. C'est même le contraire : comme je ne suis pas en train de me juger ou de penser à ce que je devrais être, je suis beaucoup plus disponible.

Quand j'étais plus jeune, on m'a dit et répété que nous étions tous différents, que la diversité était une richesse, etc. Mais je ne l'ai jamais expérimenté, ni personne d'autre d'ailleurs autour de moi, puisque ce n'était que des mots. Tout le système scolaire et social dont je suis issue est basé non pas sur le partage de compétences diverses, mais sur l'acquisition de compétences précises et la compétition qui en résulte. Je pensais donc que nous étions tous différents, mais je vivais comme si nous étions tous pareils. J'attendais des autres qu'ils réagissent comme moi. Je demandais aux autres qu'ils ressentent la même chose que moi. Je croyais que les autres voyaient la même chose que moi. Et comme ça n'était pas le cas, je les jugeais. Et je me jugeais, aussi.

Je me trouvais un peu trop sensible, pas très loquace (j'ai le sens de la répartie, mais deux jours après), on me trouvait parfois distante et hautaine et je ne m'aimais pas trop pour ça. Je trouvais mon physique également sec et raide, mon apparence revêche.

Et puis petit à petit, j'ai fait le lien entre ces parties de moi que je n'aimais pas, que je jugeais et d'autres parties de moi que j'aimais beaucoup. J'ai compris qu'elles étaient une seule et même chose et mon regard a changé naturellement.

Par exemple, j'ai toujours été une grande observatrice. Je ne fais pas partie des gens qui prennent les devants en allant aborder des inconnus. J'ai du mal à parler aux gens que je ne connais pas. Je fais partie des gens qui attendent, qui restent en arrière, qui regardent, qui sentent, qui observent et qui écoutent. Cette tendance à observer, je l'aime, je l'accepte, parce que je sais que c'est ce qui me permet de pouvoir comprendre et analyser rapidement une situation. J'ai beaucoup d'informations à ma disposition pour faire preuve de discernement.

En revanche, le revers de la médaille, à savoir la mise à distance, la difficulté à aller rapidement vers de nouvelles personnes, etc., ça je n'aimais pas. Mais quand j'ai compris que c'était un tout, j'ai commencé à accepter cet aspect de moi, puisque c'est ce qui me permettait d'être aussi fine dans mes perceptions et dans mes analyses.

Comment est-ce que j'ai pu faire le lien ? En avançant dans la découverte de mon profil vestimentaire et identitaire.

J'ai ainsi appris que dans la nature, rien n'est bon ni mauvais : les choses sont. Il en va de même pour moi et ma façon de fonctionner : j'ai un fonctionnement particulier, qui est ce qu'il est. Il ne sert à rien de me juger pour cela parce que cela ne sert personne. En revanche, le reconnaître me permet de m'accepter intérieurement et de vivre avec davantage de paix pour qui je suis. Cela me permet aussi de reconnaître les compétences et les forces associées à mon fonctionnement, pour m'en servir dans le monde et utiliser mon potentiel.

Ce n'est pas tous les jours facile. Il m'arrive encore souvent de me trouver dans une situation et de ne pas m'y aimer. Je n'aime pas ma façon de réagir, ma façon de penser, ma façon d'être, les choix que je fais dans l'instant... Mais l'acuité que j'ai gagnée pendant ces années d'observation intérieure a largement contribué à raccourcir ces instants et à les espacer dans le temps. Parce que quand ils se présentent, si je n'arrive pas toujours à m'accepter, j'arrive au moins à en prendre conscience, à le constater. Ce qui est déjà un pas de fait vers la paix.

Pour certaines de mes clientes, accepter son corps est un challenge. Elles ne l'aiment pas. En totalité ou seulement en partie. Elles me disent...
- Je me trouve trop ronde, je me sentirais mieux avec [bip] kilos de moins.
- J'ai besoin de faire la paix avec mon corps.
- J'ai des complexes que j'essaie de cacher derrière des vêtements amples.
- J'accepte mal mes kilos en trop.
- Quand je me regarde, je ne vois que des imperfections, rien de beau.

Quand je repense à ma vie de lycéenne, ce qui me revient rapidement c'est ma pâleur. Mes « potes » m'appelaient Doudou — et Doudou, et bien, elle était connue pour être blanche. Pas une blancheur type teint de porcelaine, immaculé, frais et gracieux, non. Une blancheur type cachet d'aspirine, lavabo, fromage blanc et anémie. Bref, ma réputation, quelle qu'elle soit à l'époque, ne tenait pas à ma « bonne mine ».

Et puis un jour dans cette vie de lycéenne, j'ai fait le fameux test de couleurs dont je vous ai parlé. J'ai découvert que beaucoup de couleurs me donnaient un teint de cachet d'aspirine effectivement, alors que d'autres me faisaient passer dans la catégorie «teint de porcelaine, immaculé et frais»! Si c'est pas génial, ça ?!

Comme vous le savez, je n'ai pas porté ces couleurs flatteuses du jour au lendemain : je n'étais pas prête à être... flattée. Mais cette expérience a mis à plat les idées que j'avais — inconscientes — sur moi et sur mon image.

Et puis, plus tard, j'ai également découvert que d'autres éléments pouvaient jouer sur mon teint : la qualité de mon sommeil, mon alimentation, mon épanouissement, mon état de santé général... J'ai donc compris que pour répondre à ce complexe «je suis blanche», je pouvais renforcer et mettre en valeur ma beauté personnelle grâce aux couleurs, mais aussi mettre en place un mode de vie qui m'était personnellement adapté.

C'est pareil pour vous. Pour sortir d'une situation inconfortable, il faut :

1. Le vouloir.
C'est la première condition. Si votre situation inconfortable vous convient pour une raison ou pour une autre, consciente ou inconsciente, vous aurez bien du mal à en sortir, puisque... vous voulez y rester! Vérifiez donc où vous en êtes sur cette question.

2. Accepter la réalité présente.
Vous ne pourrez agir sur votre situation que si vous en prenez la mesure, que si vous la regardez telle qu'elle est. Pour votre corps, cela veut dire deux choses :

• voir ce que vous êtes réellement.
Au-dessus des nuages, le soleil brille. Toujours, quoi qu'il arrive. Ce que vous êtes réellement, au-delà de votre météo actuelle, c'est votre beauté. C'est ce qu'il vous faut apprendre à voir.
Pour moi, c'est la découverte de mes vêtements idéaux qui m'a permis de passer à travers les nuages pour accéder au soleil, voir ma propre beauté. Certains vêtements me font me sentir belle et bien, alors que d'autres me font me sentir nulle et moche. Et ça, quels que soient mon état d'esprit, mon humeur et mon état de bien-être général.

• voir ce qui est, aujourd'hui et qui dysfonctionne.
C'est ça, ce que j'appelle la météo : il se peut que vous vous sentiez un peu à côté

de vous-même, fatiguée, complexée, trop grosse, etc. Ça peut durer quelques jours ou des années. Mais ce n'est que la météo.

3. Faire les ajustements nécessaires pour faire évoluer la réalité.
À partir de la réalité telle qu'elle est, vous avez deux pistes à suivre, séparément ou simultanément (c'est mieux !) :

• travailler sur ce qui dysfonctionne.
Un dysfonctionnement du corps (problème de santé, de poids, inconfort, problème physique, etc.) est un signal qu'il vous envoie, pour attirer votre attention. Il est peut-être en train d'éliminer un problème tout seul, mais il a peut-être besoin de votre aide aussi. Ne restez pas les bras croisés, aidez-le. Je ne cautionne pas « l'acceptation à tout prix » : si vous avez un problème de poids ou un autre trouble physique, ne l'acceptez pas sans rien faire. Acceptez la réalité, mais pour mieux la transformer. Vous n'avez pas à accepter ce que vous n'êtes pas !

• apprécier et renforcer le beau.
Apprenez à mettre en valeur votre beauté naturelle, pour mieux voir celle que vous êtes profondément (et dieu, que vous êtes belle !). Plus vous percevrez celle que vous êtes, plus vous vous trouverez belle. Et vice versa. Et caetera.

Accepter la réalité ne veut pas dire continuer à la nourrir.
Accepter la réalité, c'est le premier pas pour la faire évoluer.

J'ai passé plus de la moitié de ma vie à étudier les couleurs, les vêtements, leur signification et les différents profils psychologiques et vestimentaires humains. Et ce que j'ai découvert et appris vient aussi — et surtout — de mon expérience personnelle.

Avant de commencer ce travail, j'étais donc lycéenne, et... j'aimais pas les gens, comme je disais. Qu'est-ce que je voulais dire ? Que mes relations étaient insatisfaisantes. J'avais des amies, à droite à gauche, mais pas de groupe comme je l'espérais. J'avais des relations correctes avec mes parents, mais rien d'exceptionnel. Je rêvais de relations romantiques passionnées et j'ai foutu en l'air une histoire qui avait bien commencé, simplement parce que j'ai eu peur des amis de mon amoureux de l'époque, parce que je ne me sentais pas comme eux, pas à la hauteur, pas à l'aise, nulle.

Et puis ma métamorphose a commencé, tout doucement, sans me prévenir... J'ai appris à me connaître, à me reconnaître au travers de mon profil vestimentaire. J'ai appris à me voir sans filtre, à me regarder telle que je suis, avec mes compétences, mes tendances, mes aptitudes, mes besoins. Et plus je m'acceptais, plus mes relations gagnaient en richesse, en profondeur. Plus j'avançais dans ma reconnaissance de moi-même, mieux je vivais avec les autres.

Aujourd'hui, si je vis évidemment des moments où je projette ma colère, mon ombre sur les autres, je vis aussi des moments discrets, divins, pendant lesquels je me sens pleine d'amour pour tous les gens autour de moi. Dans le tram, dans la rue, en faisant des courses, dans le métro... Ce sont des moments délicieux pendant lesquels je ressens comme s'aimer soi et aimer l'autre, c'est la même chose.

Mais voici comment la Métamorphose® m'aide chaque jour à aimer les autres particulièrement.

Lou Mé, ma fille, participe, de temps en temps, à des stages de natation. Elle adore et nous aussi — et vous allez comprendre dans un instant pourquoi je vous parle de ça.

Ces stages durent 2 h, la coach sportive qui les donne prend un petit groupe d'enfants seulement et, avec une ou deux autres animatrices, elles font des groupes de niveau, pour que les activités soient parfaitement adaptées pour chacun.

Ce que j'aime particulièrement chez cette coach, c'est son attitude avec ma fille (et les autres enfants). La dernière fois, Lou Mé est arrivée au stage avec une plaie au genou, dont elle se plaignait depuis quelques jours. Elle lui a montré, et la coach a d'abord été très attentive à l'importance de sa plaie : « mais elle est grosse, ta plaie, tu t'es fait ça comment ? J'imagine que tu as eu mal ? » et elle a écouté Lou Mé.

Ensuite, elle lui a fait prendre du recul : « tiens, regarde, elle aussi elle s'est fait mal, tu as vu son bras ? »

Et enfin, elle a dit « dites donc, vous êtes une vraie équipe de cascadeuses, aujourd'hui ! »

Ça été super rapide. Mais ce que j'ai pu observer, juste après, c'est que Lou Mé allait bien. Elle se sentait prise en considération, écoutée, sans que son aventure ne soit non plus exagérée ou dramatisée.

Et j'ai compris pourquoi entre la coach et elle, ça collait bien : elles ont le même mouvement. Et la coach, sans le savoir, donne à Lou Mé exactement ce dont elle a besoin.

C'est la Métamorphose® qui me permet aujourd'hui de comprendre comment elles fonctionnent toutes les deux et de voir leur point commun.

Parce que ces deux-là, elles sont Feu. Et le Feu, il a besoin d'une reconnaissance vraie et entière ; il a besoin qu'on prenne ce qui ne va pas au sérieux, il a besoin qu'on le regarde. Sans quoi, il va en faire beaucoup et s'exprimer avec une intensité grandissante jusqu'à ce qu'on se soit bien occupé de lui. On a souvent tendance à donner aux autres ce dont nous avons nous-même besoin. La coach donne donc spontanément à Lou Mé ce qu'il lui faut, puisqu'elles ont les mêmes besoins.

Moi, je ne suis pas comme Lou Mé et parfois je ne comprends pas ce qu'elle veut, je ne sais pas lui répondre. Ce jour-là, j'ai remercié cette femme intérieurement de m'avoir montré exactement comment Lou Mé avait besoin que je m'occupe d'elle.

Oui, la Métamorphose® peut même vous aider à mieux aimer vos enfants !

Je viens de vous parler de ma fille, mais j'en ai une autre ! En fait, comme je connais leurs profils à toutes les deux, je m'amuse à regarder comment elles fonctionnent — et elles sont très différentes.

J'entends plein de choses sur les caractères des enfants. Moi, je n'ai pas observé de règle du type « si le premier est comme ci, le deuxième est comme ça », je constate simplement que les enfants fonctionnent selon leur nature (autant qu'on leur permet en tout cas), sans se soucier de savoir si ça va plaire ou non.

Voici une analyse rapide de ces deux petites personnes qui vivent avec moi :

Ma première fille :

• est très à cheval sur les règles (elle aime et s'intéresse aux règles et aux protocoles),

• peut rester concentrée longtemps sur un ouvrage (un dessin ou la création d'un bijou), sans parler,

• est particulièrement attirée par les belles choses et souhaite les posséder pour pouvoir les regarder aussi longtemps qu'elle veut, sous toutes les coutures.

Son profil :

Ses couleurs : Été (argentées et douces)

– donc ses motivations à agir : amener beauté et harmonie dans le monde

Ses matières : Feu (structurées, avec de la tenue)

– donc son fonctionnement émotionnel : cherche la maîtrise et réagit avec intensité

Ses formes : Ligne (droites et épurées)

– donc son fonctionnement relationnel : autonome (trop petite pour être solitaire)

Ma deuxième fille, elle :

• cherche à braver les interdits : elle rigole beaucoup de nous dire, après ça : « mais c'est pas 'raaave… », fait des blagues, fait semblant de dormir avant de rire aux éclats…

• bouge tout le temps et parle beaucoup, ce qui fatiguait souvent sa nounou,

est très concernée par les autres et nous propose souvent à boire, à manger ou nous pose des questions pour savoir comment on va, ce qu'on fait, etc. Elle est même concernée par des gens qu'elle connaît à peine.

Son profil :

Ses couleurs : Automne (dorées et profondes)

– donc ses motivations à agir : aider, rendre service, soutenir les autres

Ses matières : Air (légères et vaporeuses)

– donc son fonctionnement émotionnel : bouge et fait bouger l'entourage

Ses formes : Ligne (droites et épurées)

– donc son fonctionnement relationnel : autonome (trop petite pour être solitaire)

Alors, à quoi ça sert, tout ça ?

Eh bien...

Ça sert à comprendre leurs fonctionnements différents, sans les opprimer.

Ça sert à les accepter davantage telles qu'elles sont, donc les aimer mieux.

Ça permet de leur faire des propositions cohérentes : quand on sait à quel profil on a à faire, on peut plus facilement anticiper les réactions, les conséquences et les impacts de certaines situations.

Ça permet de jouer : voir les énergies qui les habitent s'exprimer dans toute leur splendeur, c'est un régal ! Même quand ça sort sous forme de colère intense ou de mouvement chaotique, selon les profils.

Bon évidemment, c'est pas toujours confortable, mais voir les quatre éléments à l'œuvre à travers une personne, c'est magique : c'est comme une porte ouverte sur le sacré qui nous habite.

Imaginez maintenant, si vous aviez eu ces informations sur vous, quand vous étiez petite ! Et que votre entourage les avait eues, également... Mais surtout, imaginez que vous pourriez les avoir, maintenant, et commencer enfin à comprendre votre personnalité et, comme les enfants, fonctionner selon votre vraie nature, sans vous soucier de savoir si ça va plaire !

La Métamorphose® a un impact énorme sur mes relations avec mes filles, mais il en a eu un sur toutes mes relations.

Parce que me connaître et m'accepter telle que je suis, autant que possible, facilite les interactions avec les autres. Et puis parce qu'en découvrant mon fonctionnement intérieur, j'ai aussi découvert d'autres fonctionnements, précis, identifiables et fascinants. J'ai pu reconnaître mes proches, que jusqu'alors je n'arrivais pas à identifier.

Parce qu'on a pu me dire des dizaines de fois que les autres sont différents, qu'ils ne pensent pas comme moi, qu'ils ne fonctionnent pas comme moi... cela ne m'empêche pas d'être perdue quand je ne comprends pas la réaction ou l'action d'un proche.

Cela ne veut pas dire que je cherche à analyser les faits et gestes des personnes qui m'entourent : au contraire ! Aussi paradoxal que cela puisse paraître, mieux comprendre les autres, repérer des schémas identitaires fondamentaux et pouvoir identifier ma famille ou mes amis selon ces schémas m'a permis de mieux les comprendre, mais aussi de pouvoir leur « foutre la paix » intérieurement.

Comment ? Eh bien, j'ai constaté qu'à chaque fois que j'ai pu identifier le profil d'une personne de mon entourage, je me suis instantanément sentie apaisée vis-à-vis de cette personne.

Il y a quelques années, la compagne d'un ami à moi était un mystère pour moi. Je l'appréciais mais certains de ses comportements me semblaient excessifs voire malsains. Intérieurement, je lui reprochais de ne pas s'occuper assez d'elle, d'être trop tournée vers les autres et de ne pas s'accorder de valeur. Et puis un jour, alors que je séjournais chez eux, son profil m'a sauté à la figure. En regardant sa peau, ses yeux, les vêtements qu'elle portait et qui lui allaient, j'ai compris quel était son profil et il se trouve qu'elle est Automne, le profil qui peut avoir tendance à se sacrifier pour les autres, car son besoin profond est de se sentir utile, de pouvoir aider les autres.

Elle n'a rien changé à son comportement ou à sa façon d'être : c'est moi qui ai changé mon regard sur elle. Simplement parce que j'ai compris d'où venait son fonctionnement. Que son fonctionnement soit équilibré ou pas ne me regarde pas. Ce qui me regarde, c'est comment je la regarde.

À partir de ce jour, j'ai senti beaucoup de fluidité en moi vis-à-vis d'elle. Beaucoup de simplicité. C'est comme si je l'avais embrassée intérieurement. Comme si d'un coup, je l'acceptais, je l'aimais, telle qu'elle est.

Comprendre les autres, même si l'on est très différents, m'a été très très précieux. C'est aussi ce qui m'a permis de me réconcilier avec ma famille, intérieurement.

Je n'ai jamais rompu avec mes parents, ni mon frère. Mais de mon côté, l'histoire de notre famille a commencé dans le silence et la solitude.

Petite, je ne comprenais pas pourquoi on ne se prenait pas dans les bras. Ni pourquoi on ne s'embrassait pas. Je ne comprenais pas pourquoi mes parents étaient souvent en réunion le soir. En réunion à l'extérieur, mais jamais avec mon frère et moi.

Je ne comprenais pas pourquoi mon père ne me félicitait pas lorsque je recevais une note excellente à l'école.

J'ai été très triste. Je n'en ai pas voulu à mes parents de m'avoir offert une enfance que j'aurais voulue autre, parce que j'ai vite pris conscience qu'une partie de cette histoire venait de leur propre histoire. Mais j'étais triste.

Et puis petit à petit, j'ai pu identifier leur profil à eux aussi. Reconnaître les énergies qui s'expriment à travers eux. Identifier les éléments qui les constituent et les localiser. Et ça a tout changé. J'ai compris pourquoi ils avaient agi de telle ou telle façon. J'ai compris pourquoi ils n'avaient parfois pas agi. Ou pas parlé. Pas dit.

Et la tristesse est partie. L'impression d'appartenir à une famille dysfonctionnelle aussi. Tout ça a été remplacé par la sensation de faire partie d'une famille magnifique et spéciale.

J'ai appris à reconnaître les talents et les compétences de chacun, qui s'étaient temporairement déguisés en défauts. J'ai appris à voir leurs forces et à les solliciter. J'ai appris à les voir, eux, pour ce qu'ils étaient.

J'ai appris à aimer ma famille comme je ne me pensais pas capable de pouvoir le faire.

Poème

La semaine dernière, j'ai fait un petit saut à Paris
Et dans le métro, j'ai été prise d'une furieuse envie
L'envie de crier, l'envie de vous montrer comme vous êtes belles, beaux
L'envie de capter l'essence de chacun, et de la rendre palpable, tangible
L'envie de trouver un moyen de vous la rendre visible
Le besoin de dire ce que je vois, vis et ressens, tout haut
J'aimerais parfois ouvrir mon crâne
Pour vous permettre d'y jeter un œil
Pour vous montrer ce que mes yeux recueillent
Votre étrangeté, votre beauté, sacrée, profane
J'aimerais parfois ouvrir mon cœur
Et vous inviter à entrer
Vous asseoir quelques instants
Pour ressentir toute la douceur
La puissance, la présence, la légèreté
Que vous diffusez inconsciemment
J'aimerais parfois ouvrir vos yeux
Vos yeux dedans, vos yeux du cœur
Pour vous permettre de vous voir
Telle que vous êtes, sans filtre, sans fard
Et reconnaître avec candeur
Que vous êtes bien faite... à l'image de Dieu

Annexe

Les caractéristiques des quatre éléments

L'AIR

Léger	Délicat	Transparent	Spontané
Imprévisible	Éparpillé	Volatil	Libre
Dispersé	Dansant	Mouvant	Gazeux
Dynamique	Mobile	Actif	Animé
Voilé	Impalpable	Fluide	Réactif
Aléatoire	Surprenant	Agité	Désordonné
Discret	Chantant	Changeant	Vivifiant
Impulsif	Allègre	Instable	Rapide

En déséquilibre

Vicié	Asphyxiant	Lourd	Pesant
Chargé	Moite	Humide	Étouffant
Saoulant	Tempétueux	Irrespirable	Toxique

L'EAU

Fluide	Douce	Adaptable	Souple
Fluctuante	Fuyante	Infiltrante	Dansante
Coulante	Nettoyante	Enveloppante	Transparente
Ondulante	Glissante	Lisse	Bouillonnante
Liquide	Pénétrante	Accompagnante	Apaisante
Vivifiante	Purifiante	Rafraîchissante	Mnémonique
Relâchée	Chantante	Gracieuse	Vive
Jaillissante	Thermale	Régénérante	Désaltérante

En déséquilibre

Stagnante	Sale	Impure	Agitée
Toxique	Trouble	Boueuse	Débordante
Polluée	Inerte	Croupie	

LA TERRE

Stable	Posée	Douce	Fiable
Moelleuse	Enveloppante	Réconfortante	Rassurante
Présente	Stabilisante	Opaque	Mystérieuse
Riche	Vivante	Secrète	Nourricière
Porteuse	Matricielle	Calme	Paisible
Apaisante	Authentique	Brute	Immobile
Accueillante	Profonde	Généreuse	Soutenante
Dense	Attractive	Préservante	Fertile

En déséquilibre

Pauvre	Dure	Sèche	Lourde
Inerte	Polluée	Aride	Infertile

LE FEU

Puissant	Régénérant	Créateur	Entier
Fort	Vif	Dynamique	Énergique
Changeant	Ardent	Impressionnant	Éclairant
Intense	Calorique	Énergisant	Transformateur
Flamboyant	Chatoyant	Flambant	Fascinant
Réchauffant	Dansant	Chaud	Crépitant
Incandescent	Rougeoyant	Rapide	Purificateur

En déséquilibre

Destructeur	Brûlant	Énergivore	Dévorant

Les nuanciers de couleurs
Couleurs dorées

PRINTEMPS

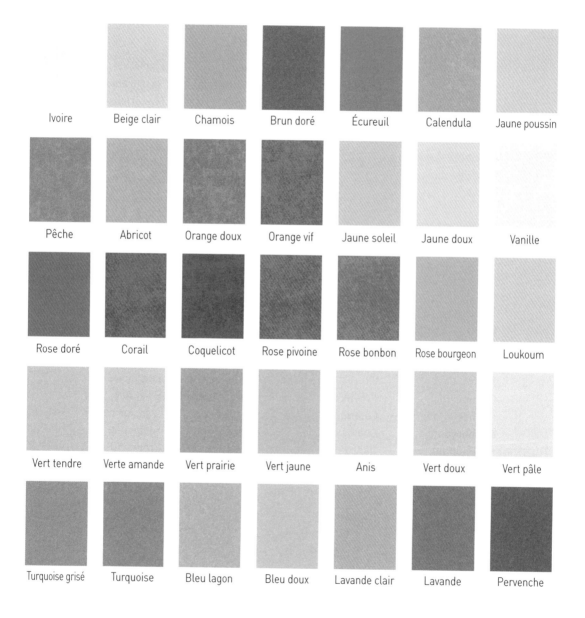

Ivoire	Beige clair	Chamois	Brun doré	Écureuil	Calendula	Jaune poussin
Pêche	Abricot	Orange doux	Orange vif	Jaune soleil	Jaune doux	Vanille
Rose doré	Corail	Coquelicot	Rose pivoine	Rose bonbon	Rose bourgeon	Loukoum
Vert tendre	Verte amande	Vert prairie	Vert jaune	Anis	Vert doux	Vert pâle
Turquoise grisé	Turquoise	Bleu lagon	Bleu doux	Lavande clair	Lavande	Pervenche

Les nuanciers de couleurs

Couleurs dorées

AUTOMNE

Beige doré	Camel	Noisette	Brun profond	Café	Roux	Or
Paprika	Rouille	Citrouille	Brun cuivré	Orange profond	Laiton patiné	Moutarde
Rouge profond	Rouge terre	Rouge brique	Rose cuivré	Bois de rose	Vieux rose	Corail foncé
Bleu pétrole	Bleu canard	Bleu orage	Bleu gris	Bleu ardoise	Aubergine	Prunus
Gris vert	Bronze	Vert olive	Vert mousse	Vert forêt	Vert kaki	Vert franc

Les nuanciers de couleurs
Couleurs argentées

ÉTÉ

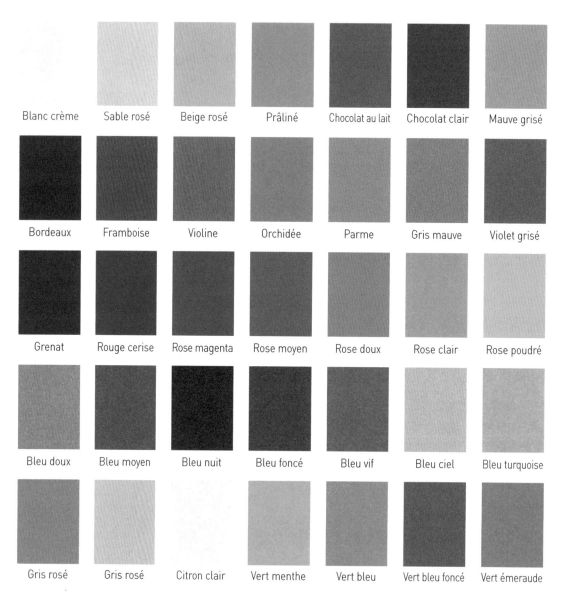

Blanc crème	Sable rosé	Beige rosé	Prâliné	Chocolat au lait	Chocolat clair	Mauve grisé
Bordeaux	Framboise	Violine	Orchidée	Parme	Gris mauve	Violet grisé
Grenat	Rouge cerise	Rose magenta	Rose moyen	Rose doux	Rose clair	Rose poudré
Bleu doux	Bleu moyen	Bleu nuit	Bleu foncé	Bleu vif	Bleu ciel	Bleu turquoise
Gris rosé	Gris rosé	Citron clair	Vert menthe	Vert bleu	Vert bleu foncé	Vert émeraude

Les nuanciers de couleurs

Couleurs argentées

HIVER

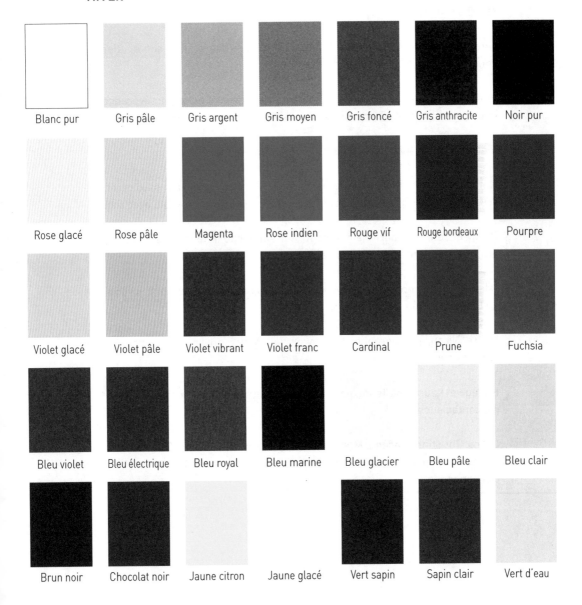

Blanc pur	Gris pâle	Gris argent	Gris moyen	Gris foncé	Gris anthracite	Noir pur
Rose glacé	Rose pâle	Magenta	Rose indien	Rouge vif	Rouge bordeaux	Pourpre
Violet glacé	Violet pâle	Violet vibrant	Violet franc	Cardinal	Prune	Fuchsia
Bleu violet	Bleu électrique	Bleu royal	Bleu marine	Bleu glacier	Bleu pâle	Bleu clair
Brun noir	Chocolat noir	Jaune citron	Jaune glacé	Vert sapin	Sapin clair	Vert d'eau

Remerciements

Merci à vous tous.

Jérémie Mercier, mon mari et fan de la première heure, pour son soutien inconditionnel.

Anne Clénet, ma mère, pour sa fantaisie, sa présence et sa persévérance qui m'inspirent toujours. Tu devais faire partie de ce livre — eh bien t'y voilà !

Pierre Douville, mon père, pour toujours croire en moi.

Nathalie Gouret, mon initiatrice, pour m'avoir transmis ses savoirs et savoir-faire et avoir créé cet outil de connaissance de soi incroyable avec moi.

Peggy et Jeff, mes partenaires, pour leur simplicité et leur générosité et pour avoir permis la matérialisation de ce livre.

Adeline Lobut, mon éditrice, pour son accompagnement serein et joyeux tout au long de la création de ce livre.

Pierre Nicou, photographe, pour avoir su mettre en images la beauté des femmes qui m'entourent.

Nadège et Laura, ma Team, pour leur aide, leurs encouragements et leur énergie contagieuse.

Laura, Christine, Nadège, Marion, Arlette, Lou, Karine, Claire, Bénédicte, Julie, Eva et Cécile pour leur disponibilité, leur enthousiasme et leur présence dans ces pages.

Bonus

Pour profiter au maximum du contenu de ce livre, je vous ai créé une série d'audios et de vidéos. Vous y trouverez une méditation, des exercices pour apprendre à ressentir en profondeur ainsi que des explications pour aller plus loin.

Vous pouvez télécharger ce bonus gratuit sur https://floradouville.com/bonus-livre.

A très bientôt :)

Direction d'édition : Thierry Lamarre
Édition : Adeline Lobut
Création et réalisation : Flora Douville
Correction-révision : Isabelle Misery
Illustrations : Catherine Schnoebelen
Photographies : Pierre Nicou sauf :
photographie de couverture : Caroline White
(http://www.carolinewhitephotography.com/),
photos page 48 : Artush, Peshkova, Natallia Reutava, Rashid Valitov,
photos p 12, 18, 42, 49, 56, 113, 182 : Shutterstock
photos page 50 : MNStudio, assistant, K.Narloch-Liberra, Manamana,
photos page 51 : Grycaj, Ammit Jack, Chantelle Bosch, Iamzereus
Conception graphique, mise en pages et couverture :
Carole Schilling - caroleschillingdesign.com

Éditions Marie Claire
Publiées par Société d'Information et de Créations - SIC
Une société de Marie Claire Album
10 bd des Frères Voisin - 92792 Issy-les-Moulineaux CEDEX 9 - France
Tél. 01 41 46 88 88
RCS Nanterre 302 114 509
SARL au capital de 3.822.000 euros
© 2017, Éditions Marie Claire - Société d'Information et de Créations - SIC

ISBN : 979-10-323-0137-1
N° Éditeur : 38369
Imprimé par G. Canale & C., Roumanie.
Dépôt légal : septembre 2017 - Réimpression : avril 2019.

www.editionsmarieclaire.com

PEFC/18-31-330

Certifié PEFC

Ce produit est issu
de forêts gérées
durablement et,
de sources contrôlées
www.pefc.org